L'ABBAYE ROYALE

DE

SAINT-ANTOINE-DES-CHAMPS

DE L'ORDRE DE CITEAUX

OUVRAGES DU MÊME AUTEUR

L'INCENDIE DU PALAIS DE PARIS EN 1618. Relation de Raoul Boutrays, réimprimée pour la première fois, avec une introduction et des notes, par Hippolyte Bonnardot. *Paris, Léon Willem*, 1879, petit in-8°.

MONOGRAPHIE DU VIIIe ARRONDISSEMENT DE PARIS. Étude archéologique et historique. *Paris, A. Quantin*, 1880, in-4°, avec neuf planches.

L'ABBAYE ROYALE DE SAINT-ANTOINE-DES-CHAMPS DE L'ORDRE DE CITEAUX. (Extrait du numéro de décembre 1880 de la *Revue archéologique*.) *Paris, Aux bureaux de la Revue archéologique. Librairie académique Didier et Cie*, 1881, in-8°.

PARIS ARTISTIQUE ET MONUMENTAL EN 1750. Lettres du Dr Mathews, traduites de l'anglais par Philippe-Florent de Puisieux, réimprimées pour la première fois avec préface, sommaires et notes, par Hippolyte Bonnardot. *Paris, librairie de Firmin-Didot et Cie*, 1881, in-18.

L'ABBAYE ROYALE

DE

SAINT-ANTOINE-DES-CHAMPS

DE L'ORDRE DE CITEAUX

ÉTUDE TOPOGRAPHIQUE ET HISTORIQUE

PAR

HIPPOLYTE BONNARDOT

AVEC CINQ PLANCHES ET TROIS FAC-SIMILÉS

PARIS

LIBRAIRIE DE FÉCHOZ ET LETOUZEY

5, RUE DES SAINTS-PÈRES, 5.

1882

PROLÉGOMÈNES

 ʟ n'existait jusqu'ici, croyons-nous, aucune monographie spéciale de l'abbaye royale de Saint-Antoine-des-Champs. Nous avons pensé devoir combler cette lacune en recherchant aux Archives, dans les anciennes chroniques et dans les ouvrages des principaux historiographes de Paris, tout ce qui pouvait concerner le monastère en question. Un cartulaire de l'abbaye de Saint-Antoine des XIIIe et XIVe siècles et de nombreuses pièces originales et authentiques, provenant des archives de cette célèbre abbaye, que nous avons compulsées, se trouvent dans deux sections des Archives, l'une administrative, l'autre historique. Nous avons mis aussi à contribution les chroniques du XIIIe au XVIIIe siècle publiées soit isolément, soit dans des collections spéciales, pour en extraire les quelques passages qui se rapportent à notre abbaye. Du Breul, dans son *Théâtre des antiqvitez de Paris,* la *Gallia christiana* et Félibien, dans son *Histoire de Paris,* en font mention d'une manière détaillée : en dehors de ces trois ouvrages fondamentaux pour l'histoire de l'abbaye de Saint-Antoine, on ne trouve plus à glaner que quelques renseignements disséminés dans les descriptions de Paris écrites à diverses époques par Gilles Corrozet, Sauval, l'abbé Lebeuf, Piganiol de la Force, Jaillot, etc. Les *Mémoires de la Société de l'Histoire de Paris* nous ont fourni aussi parfois de précieux documents, entièrement inédits, qu'on chercherait vainement ailleurs.

Le présent ouvrage se divise en deux parties bien distinctes : la topographie et la chronique de l'abbaye de Saint-Antoine, du xiiie au xviiie siècle. L'iconographie de la susdite abbaye ne nous ayant pas paru susceptible, vu son peu d'importance, de constituer une troisième partie, nous avons jugé à propos de l'incorporer dans le texte des deux parties précitées.

Parmi les principales sources iconographiques de cet essai sur l'abbaye de Saint-Antoine, les unes se rapportent plus particulièrement à sa topographie, comme les plans géométraux manuscrits et les dessins conservés soit aux Archives (section topographique) soit à la Bibliothèque nationale, les plans de Paris gravés à partir du xvie siècle, etc., les autres à son histoire ou chronique, comme la gravure de Pierre Erresalde que nous avons fait reproduire dans la planche V. On trouvera en outre, dans le courant de la présente étude, plusieurs *fac-similés* de sceaux de l'abbaye et d'abbesses de Saint-Antoine, aux xiiie et xve siècles, figurés d'après la collection sigillographique conservée aux Archives. Nous avons dû renoncer, à notre grand regret, à en publier quelques autres de la même collection, des sceaux frustes ne pouvant plus offrir, en raison de leur état de vétusté, le même intérêt archéologique à l'amateur du vieux Paris.

Nous reproduisons, dans un *Appendice*, d'après le cartulaire de l'abbaye conservé aux Archives, une liste fort curieuse des rues ou quartiers de Paris et des localités des environs où l'abbesse et les religieuses de Saint-Antoine possédaient des maisons ou des propriétés rurales, soit en toute propriété, soit à titre de cens ou d'usufruit.

Nous avons aussi jugé utile de réimprimer, à la fin du présent volume, sous le titre de *Pièces justificatives,* un certain nombre de documents en latin, les plus intéressants, selon nous, pour l'histoire de l'abbaye de Saint-Antoine, dont on trouvera la traduction dans le texte de l'ouvrage.

Nous donnerons ici, avant de clore ces préliminaires, une liste par ordre chronologique aussi exacte que possible de toutes les abbesses qui gouvernèrent l'abbaye royale de Saint-Antoine-des-Champs, de l'ordre de Cîteaux, du XIIIe au XVIIIe siècle.

    I — Théophanie (de 1204 à 1214).

   II — Agnès Ire (de 1214 à 1221).

  III — Amicie Ire (de 1221 à 1233).

  IV — Agnès II de Mauvoisin (de 1233 à 1240).

   V — Amicie II de Briart de Villepècle (de 1240 à 1253).

  VI — Jeanne Ire (de 1253 à 1254).

 VII — Guillemette ou Guillelmine (de 1254 à 1256).

VIII — Jeanne II (de 1256 à 1268).

  IX — Philippine (de 1268 à 1274).

   X — Agnès III (de 1274 à 1287).

  XI — Hélissende ou Héloïse Ire de Moucy d'Aunoy (de 1287 à 1294).

  XII — Laure de Treseikens (de 1294 à 1298).

 XIII — Gillette de Beaumont-au-Bois (de 1298 à 1304).

 XIV — Alix de la Roche (de 1304 à 1316).

  XV — Hélissende ou Héloïse II Allaire (de 1316 à 1324).

 XVI — Marguerite Ire Petit (de 1324 à 1330).

XVII — Perrine ou Pétronille Ire de Condé (de 1330 à 1332).

XVIII — Améline de Bourdon (de 1332 à 1338).

 XIX — Marguerite II D'Allemant (de 1338 à 1359).

  XX — Drocque de Chevrel ou de Bourgoigne (de 1359 à 1381).

 XXI — Jeanne III du Pont (de 1381 à 1396).

XXII — Jacqueline de Chanteprime (de 1396 à 1400).

XXIII — Marguerite III de Chanteprime (de 1400 à 1417).

XXIV — Perrine ou Pétronille II le Duc, dite *la Duchesse* (de 1417 à 1419).

 XXV — Émerance ou Émerentienne de Calonne (de 1419 à 1440).

XXVI — Marie Ire de Gouy (de 1440 à 1459).

XXVII — Jeanne IV Thibout ou Thiboust (de 1459 à 1497).

XXVIII — Martine Baillet (de 1497 à 1502).

XXIX — Isabelle Simon (de 1502 à 1525).
XXX — Jeanne V de Longuejoue (de 1525 à 1542).
XXXI — Marguerite IV de Vaudetar (de 1542 à 1572).
XXXII — Anne de Thou (de 1572 à 1593).
XXXIII — Jeanne VI Camus de Pontcarré (de 1593 à 1596).
XXXIV — Madeleine Iʳᵉ Brulart (de 1596 à 1597).
XXXV — Jeanne VII du Puy (de 1597 à 1600).
XXXVI — Renée de la Salle (de 1600 à 1636).
XXXVII — Marie II Le Bouthillier (de 1636 à 1652).
XXXVIII — Madeleine II Molé (de 1652 à 1681).
XXXIX — Françoise Molé (de 1681 à 1686).
XL — Marie-Madeleine de Mornay de Montchevreuil (de 1686 à 1722).
XLI — Marie-Anne-Gabrielle-Éléonore de Bourbon-Condé (de 1723 à 1760).
XLII — Gabrielle-Charlotte de Beauvau-Craon (de 1760 à 1790).

Le lecteur aura sans doute remarqué dans cette liste une lacune au xviiiᵉ siècle : Marie-Madeleine de Mornay de Montchevreuil, abbesse de Saint-Antoine, mourut en effet en mars 1722 et ce ne fut que le 9 mai 1723 que Marie-Anne-Gabrielle-Éléonore de Bourbon-Condé reçut sa nomination par brevet royal. Il y eut donc par le fait à cette époque un interrègne de plus d'une année dans le gouvernement de l'abbaye de Saint-Antoine.

Hippolyte BONNARDOT.

L'ABBAYE ROYALE

DE

SAINT-ANTOINE-DES-CHAMPS

DE L'ORDRE DE CITEAUX

I

TOPOGRAPHIE DE L'ABBAYE

DE

SAINT-ANTOINE-DES-CHAMPS [1]

Nous allons essayer ici de reconstituer la topographie de l'ancienne abbaye royale de Saint-Antoine-des-Champs, de l'ordre de Citeaux, monastère qui a joué un rôle assez important dans notre histoire, à l'aide des plans géométraux manuscrits, dessins et estampes où figurent des représentations spéciales de cette abbaye, des nombreux plans de Paris édités du xvie au xviiie siècle et des descriptions consignées à diverses époques dans les ouvrages des historiographes parisiens.

L'entrée principale de l'abbaye de Saint-Antoine-des-Champs, fondée en 1198, sous le

(1) La majeure partie de cette étude topographique sur l'abbaye de Saint-Antoine a déjà paru dans la *Revue archéologique* (n° de décembre 1880), avec tirage à part à petit nombre sous le même titre que le présent ouvrage (*Paris. Librairie académique Didier et Ce. 1881. In-8*). Nous la réimprimons ici avec de nombreuses additions et corrections provenant de recherches ultérieures sur cette célèbre abbaye.

règne de Philippe-Auguste, par Foulques, curé de Neuilly-sur-Marne, et située sur le territoire de la paroisse Saint-Paul, donnait sur une grande route ou chaussée qui s'appela depuis rue du Faubourg-Saint-Antoine (1). Il n'y avait là, dans l'origine, qu'une chapelle sous le vocable de Sa'nt-Antoine, patriarche des Cénobites d'Orient (2), avec une sorte d'ermitage servant de refuge, situé en pleine campagne : on pourrait faire remonter à cette époque l'étymologie du nom de Saint-Antoine-des-Champs (3). Du Breul nous apprend, sans indiquer la source où il a puisé ce curieux renseignement, que cette maison étant devenue trop petite pour loger les hommes (prêtres ou laïques) et les femmes qui s'y étaient retirés, « lesdicts prestres bastirent audict lieu sur la chaussée vn cloistre, vn dortoir, vn refectoir et vne salle. Et vn peu plus loing vers la cour, fut pareillement basty pour les femmes vn dortoir, vn refectoir et vn cloistre, appellé à présent (1612) le vieil Cloistre aux Dames (4) ». Cette maison, dont les religieuses embrassèrent en 1204 la règle de Citeaux (5), époque à partir de laquelle l'entrée en fut interdite aux hommes, fut érigée en abbaye cette même année par Eudes (ou Odon) de Sully, évêque de Paris.

En 1215, Louis VIII, père de saint Louis, fit don à l'abbaye de Saint-Antoine, pour fêter la naissance de son fils, selon Du Breul (6), de l'emplacement de l'église et de ses environs, dont l'auteur en question évalue la contenance totale à quatorze arpents.

Un diplôme du roi saint Louis, de novembre 1227, confirmatif des droits de l'abbaye de

(1) Elle figure sur le plan de Paris de Vassalieu (1609) sous le nom de *chemin de S. Anthoine des Champs*. En 1633, sous Louis XIII, elle portait encore le nom de *chaussée Saint-Antoine*, de la Bastille à l'abbaye de Saint-Antoine, et celui de *chaussée de Vincennes*, de cette abbaye jusqu'à la place du Trône dite, de nos jours, place de la Nation.

(2) Comme la façade orientale de la Bastille, édifice situé sur une partie de la censive de l'abbaye de Saint-Antoine, regardait du côté de cette abbaye, on voyait jadis, au-dessus de la grande porte d'entrée de cette forteresse, une statue de saint Antoine à la barbe vénérable et au costume érémitique, s'appuyant d'une main sur une béquille. Cette statue fut mutilée en juillet 1652, pendant les troubles de la Fronde, à la bataille du faubourg Saint-Antoine entre l'armée royale et l'armée des princes, par les coups de canon qui lui enlevèrent une main et un œil du côté gauche et le bâton de sa béquille dont le manche seul lui resta dans la main droite. C'est en cet état que cette statue est représentée (pl. IV, fig. 3) dans la monographie de la Bastille des *Antiquités nationales*, de Millin. L'auteur avance à tort, croyons-nous, dans le texte, que c'était la statue de saint Antoine de Padoue ; ce devrait être plutôt celle de saint Antoine le solitaire, patron de l'abbaye de Saint-Antoine-des-Champs.

(3) « Sanctus Antonius Parisiensis in suburbio », lit-on dans Dom Beaunier (p. 29 du t. I de son *Recueil histor. chronol. et topogr. des archevêchez, évêchez, abbayes et prieurez de France*).

(4) *Théâtre des antiquitez de Paris*, p. 1238 et suiv.

(5) C'est à Citeaux (*Cistercium*, lieu des citernes, selon Guill. Paradin), dans la Côte-d'Or, que fut fondée en 1098, sous le règne de Philippe Ier, juste un siècle avant l'abbaye de Saint-Antoine-des-Champs, par saint Robert, abbé de Molème, la célèbre abbaye qui a donné son nom à cet ordre. Un distique latin, cité par Du Breul (*Théâtre des antiq. de Paris*, p. 1239), rappelle la date de cette fondation et le nom de son fondateur :

Anno milleno centeno bis minus uno,
Sub Patre Roberto cœpit Cistertius ordo.

Cette abbaye devint par la suite une des plus riches de toute la France. Une colonie agricole pour les jeunes détenus, occupe de nos jours les bâtiments encore subsistants de cet ancien monastère. La congrégation des Cisterciens a survécu à la suppression de Citeaux. La maison-mère de l'ordre se trouve actuellement à l'abbaye de Notre-Dame-de-Senanque (Vaucluse).

(6) *Théâtre des antiquitez de Paris*, p. 1240.

Saint-Antoine, daté de Saint-Germain-en-Laye, et un acte de donation de Barthélemy de Roye, chambrier de France (dans la seigneurie duquel était située cette abbaye), évaluent à quatorze arpents (comme en 1215) la contenance de l'enclos de l'abbaye de Saint-Antoine à cette époque.

Ce fut à partir du règne de saint Louis que ce monastère prit le nom d'*abbaye royale*.

L'enclos de l'abbaye de Saint-Antoine, entouré de fossés et de fortes murailles avec contreforts, et renfermant, en dehors des bâtiments claustraux, de l'église abbatiale, de la chapelle Saint-Pierre et des communs, des terres arables et d'immenses jardins ou vergers, était délimité, vers la fin du xv° siècle, au nord par une chaussée dite depuis rue du Faubourg Saint-Antoine, à l'ouest par divers tenants et aboutissants, au sud par la route de Paris à Charenton et à Saint-Maur (rue de Charenton), qui franchissait sur une *planchette* ou ponceau un fossé se dirigeant perpendiculairement de l'abbaye de Saint-Antoine à la Seine (1), et à l'est par un chemin qui reliait la chaussée Saint-Antoine à la route de Paris à Charenton et séparait l'abbaye des terres du domaine royal de Reuilly.

Un curieux dessin à la plume sur parchemin (de 82 centim. de L. sur 54 centim. de H.), provenant des archives de l'abbaye de Saint-Antoine et conservé aux Archives (sect. top., III° cl., n° 730), représente une vue cavalière prise du sud de l'abbaye royale de Saint-Antoine-des-Champs et de ses dépendances en 1481, sous le règne de Louis XI. C'est la plus ancienne figuration qui en existe, à notre connaissance. Ce dessin dont nous signalerons ici deux copies, la première, de la grandeur de l'original, à l'hôpital Saint-Antoine, la seconde, réduite au quart, dans la collection de la Bibliothèque de la Ville, à l'hôtel Carnavalet, a été reproduit en photogravure par la *Société de l'Histoire de Paris* qui en a fait faire tout récemment (1880) une réduction héliographique. Sur ce dessin, au bas duquel on lit : *Ce plan a été fait en 1481*, et dont les arbres, les personnages en costumes du temps, etc., décèlent par leur naïveté la touche du xv° siècle, on aperçoit quelques bâtiments conventuels et un certain nombre de fermes disséminées dans divers enclos, ayant pour clôture tantôt une haute muraille flanquée de contreforts, tantôt un fossé où passe un cours d'eau. Au milieu de ces constructions plus ou moins champêtres, s'élève l'église abbatiale en forme de croix latine dont la toiture est surmontée, au point d'intersection de la nef et du transept, d'une tour avec flèche hexagonale terminée par une grande croix supportant un coq. Une espèce de colombier ajouré de baies en plein cintre et terminé, comme l'église principale, par une croix avec un coq, représente, dans ce dessin, le clocher de la chapelle Saint-Pierre. Un petit bâtiment avec campanile, rappelant assez par sa structure l'ermitage primitif du saint anachorète, patron de l'abbaye, cache une partie du côté méridional de l'église abbatiale. Le surplus de l'enclos est occupé par des terres cultivées, des constructions à usage de fermes, des jardins, des bosquets, un colombier et plusieurs basses-cours avec

---

(1) « Ung fossé qui vient de l'ostel et monastere aux dames de l'eglise Monseigneur Sainct-Anthoinne-des-Champs et tire en la riviere de Seine, par le travers duquel fossé est une planchette par laquelle on passe pour aler de Paris à Sainct-Mor par derriere ledit hostel et monastere de Sainct-Anthoinne-des-Champs ». (*Journal parisien de Jean Maupoint*, publ. par M. G. Fagniez dans les *Mémoires de la Société de l'hist. de Paris*, etc., t. IV, p. 102.)

mares ou bassins dont les eaux se déversent dans un fossé aboutissant à la Seine. Une *pierre plate* dressée en 1466 sur la douve (ou rebord) de ce fossé dit *des trahisons*, sur laquelle se voit une inscription de quelques lignes, et une croix de pierre gothique dite *croix de la trahison*, élevée en 1479 par ordre de Louis XI, et dont la verge ou tige est décorée d'un écusson de pierre renversé (en signe de félonie, sans doute), destiné à recevoir une inscription, monuments commémoratifs qui devaient perpétuer le souvenir de la trahison des princes rebelles parjures à une trève conclue en ce lieu avec le roi, en septembre 1465, à l'époque de la guerre de la *Ligue du bien public*, sont représentées sur le premier plan à droite, au sud de l'enclos de l'abbaye, non loin du point de croisement de la route de Paris à Charenton et à Saint-Maur avec le fossé qui allait de l'abbaye de Saint-Antoine à la Seine. Dans le haut du dessin, à gauche, on distingue vaguement les piliers du gibet de Montfaucon. Au bord de la grande route ou chaussée Saint-Antoine, en face de l'entrée de l'abbaye, se dresse un monument bizarre, consistant en une colonne dont le sommet est décoré d'une statue accostée d'un oiseau (un aigle, croyons-nous) en guise d'attribut. Des écussons sont suspendus le long de cette colonne dont la base est entourée d'un piédestal carré, aux quatre angles duquel s'élèvent des colonnettes ornées de petits drapeaux. Un jet d'eau jaillit de ce soubassement dans une vasque circulaire, du côté de la chaussée. Cette fontaine monumentale, située à l'endroit même où on en voit encore une de nos jours dite *de la Petite-Halle* ou *de l'abbaye Saint-Antoine*, a-t-elle jamais existé, n'était-elle que projetée à cette époque ou est-elle purement idéale ? Quelle pouvait bien être sa signification, en cas d'existence réelle ? Était-ce encore un édifice commémoratif de la félonie des grands vassaux de la couronne pendant la guerre de la *Ligue du bien public* ? C'est là une énigme que nous laisserons à deviner à la perspicacité du lecteur (1).

La contenance de l'enclos de l'abbaye de Saint-Antoine, qui n'était dans l'origine que de quatorze arpents (2), s'accrut considérablement par la suite, grâce à diverses acquisitions de terrains, notamment sous le gouvernement de Marie II Le Bouthillier, abbesse de Saint-Antoine de 1636 à 1652 (3), qui, dans l'intérêt de la communauté et pour mieux faire observer la clôture à ses religieuses, agrandit de seize arpents l'enclos de l'abbaye et étendit ainsi ses limites, au sud, jusqu'à la rue de Charenton.

L'abbaye de Saint-Antoine qui ne figure que grâce à un rapprochement exagéré de la distance, dans le voisinage immédiat de la Bastille et de la porte Saint-Antoine, sur les divers plans de Paris du xvi⁰ siècle (4) dont le champ trop restreint n'eut pas permis de la

(1) Le dessin dont nous venons de donner une description aussi succincte que possible, se trouve reproduit dans la planche I du présent ouvrage.

(2) Diplôme du roi saint Louis de novembre 1227.

(3) Ce fut cette même abbesse qui fit reconstruire les bâtiments abbatiaux et bâtir une infirmerie pour les religieuses âgées (V. la *Gallia christiana*, t. VII, col. 905).

(4) De Georges Braun (vers 1530), de Tapisserie (de 1512 à 1547), d'Olivier Truschet et Germain Hoyau, dit *Plan de Bâle* (1551), de Jacques Androuet Du Cerceau, dit *Plan de Saint-Victor* (1555) et de François de Belleforest (1575).

reproduire à son éloignement réel, se trouve détaillée sur ceux de François Quesnel (1609), de Mathieu Mérian (1615), d'Albert Jouvin de Rochefort (1672), de Jean de La Caille (1714), de Delagrive (1728), de Louis Bretez dit de Turgot (1734-1739), de J.-B. Jaillot (1775) et de P. Verniquet (1789-1798). On peut aisément se rendre compte, avec l'aide des plans précités, des différentes modifications survenues dans la configuration de l'enclos de l'abbaye par suite d'acquisitions ou d'aliénations de terrains effectuées par les abbesses et religieuses de Saint-Antoine aux xvii° et xviii° siècles.

Le plan de Paris de François Quesnel (1609) est le premier, croyons-nous, où l'abbaye en question soit représentée à sa distance réelle du rempart. On y reconnaît très distinctement l'église abbatiale, la chapelle Saint-Pierre et les bâtiments du cloître.

Mathieu Mérian a fait figurer l'abbaye de Saint-Antoine sur son plan de Paris à vol d'oiseau (1615), mais à proximité du rempart, à cause du peu de champ dont il disposait : l'église abbatiale et la chapelle Saint-Pierre y sont finement gravées et offrent quelque intérêt.

L'abbaye de Saint-Antoine figure, pour la première fois, sur le plan de Paris en quatre feuilles d'Albert Jouvin de Rochefort (1672), avec un vaste enclos limité au sud par la rue de Charenton dite sur ce plan *de Chalanton :* cet agrandissement considérable, comparativement aux représentations des plans antérieurs, provenait sans aucun doute des acquisitions de terrains, s'élevant en totalité à seize arpents, effectuées par Marie II Le Bouthillier, abbesse de Saint-Antoine.

Sur le plan de Paris dressé par Jean de La Caille en 1714, l'enclos de l'abbaye de Saint-Antoine a les mêmes dimensions que sur celui de Jouvin de Rochefort. Nous donnons un *fac-similé* du plan de La Caille dans la planche II.

Un grand plan géométral manuscrit, levé sur les lieux par l'architecte A. Le Gendre, vers 1740 et conservé aux Archives (Seine, sect. topogr., II° cl., n° 18), intitulé *Plan général des bâtiments, cours et jardins de l'abbaye royale de Saint-Antoine de Paris,* va nous permettre de reconstituer la topographie de l'ensemble des bâtiments, jardins, etc., compris dans l'enclos de l'abbaye de Saint-Antoine à cette époque. Cet enclos, dont la contenance totale est évaluée par Le Gendre à 37 arpents 14 perches, était borné au nord par la rue du Faubourg Saint-Antoine et quelques bâtiments relevant de l'abbaye bien qu'ils appartinssent à divers propriétaires, à l'est et au sud-est par la Manufacture des glaces et les marais de Reuilly, au sud par la rue de Charenton et à l'ouest par l'hôtel et le clos de Gournay, propriété des religieuses de Saint-Antoine. Un certain nombre de maisons, en bordure sur la rue du Faubourg Saint-Antoine, étaient louées par l'abbaye à différents particuliers. La chapelle dite de Saint-Pierre donnait aussi sur cette rue. Après avoir franchi la grille du pavillon d'entrée (1), on pénétrait dans une vaste cour où on apercevait de grands bâtiments occupés par les religieuses et le côté septentrional de l'église abbatiale derrière laquelle était l'ancien cloître, quadrilatère limité par des constructions servant de

---

(1) Voir aux Archives nationales (sect. histor., L., 1015) plusieurs pièces, datées des 16 mai et 23 juillet 1693 et du 12 mars 1695, relatives à la reconstruction du portail ou entrée de l'abbaye et des deux petits bâtiments situés de chaque côté dudit portail. — V. aussi *ibid.,* sect. administr., 7° cart., S., 4363.

logements aux dames de l'abbaye et donnant sur un cimetière intérieur destiné à leur inhumation. Un bâtiment reliait l'église abbatiale à la chapelle Saint-Pierre. Une cour dite *de la boulangerie* se trouvait derrière les constructions de l'ancien cloître. Du côté de l'est étaient les communs et dépendances de l'abbaye, renfermant une grande et une petite basse-cour. Non loin de la limite de l'abbaye, du côté de l'ouest, s'élevait un colombier. Le reste de l'enclos comprenait des jardins d'agrément, un étang ou canal, des jardins potagers, des terres labourables plantées d'arbres à fruits, des petits bois ou bosquets et un parterre.

Les vastes et magnifiques bâtiments de l'abbaye, qui avaient déjà été reconstruits au commencement du xviie siècle (1), furent entièrement rebâtis de 1767 à 1770 par l'architecte Goupil, sous la direction et d'après les dessins de Lenoir le Romain (2) et figurent pour la première fois sur le plan de Paris dressé par J.-B. Jaillot en 1775. Un plan géométral manuscrit colorié, relatif à cette reconstruction, est conservé de nos jours à la Bibliothèque nationale (Topogr. de Paris, XIIe arrondissement, 48e quartier). Sur ce plan intitulé *Plan du rez-de-chaussée des batimens à construire à l'Abbaye Royalle de Saint Antoine dressé par ordre de Madame Labbesse. Fait par nous, architecte soussigné : Lenoir Leromain*, plan dont les distributions intérieures avaient été concertées d'avance entre l'architecte Lenoir Le Romain et M. Aubier, procureur général de l'abbaye, les constructions anciennes sont teintées de noir, celles projetées, de rouge et celles vouées à la destruction, de jaune. Deux autres plans géométraux manuscrits, l'un du rez-de-chaussée, l'autre du premier étage des bâtiments à reconstruire, se voient aux Archives (sect. topogr., IIe cl., n° 20). On lit au bas de chacun d'eux : *Fait par les ordres de Madame de Beauveau, abbesse de ladille Abbaye, sur les desseins et conduille du Sr Lenoir le Romain architecte. Ce 21 avril 1764. Signé : Lenoir Leromain.*

L'église abbatiale, spécialement destinée aux religieuse , était dédiée à Notre-Seigneur Jésus-Christ, à la sainte Vierge et à saint Antoine. Elle fut fondée au xiiie siècle (de 1220 à 1230) par le roi saint Louis « quoiqu'on puisse l'attribuer avec plus de fondement, dit Jaillot (3), au seigneur de Saint-Mandé, qui donna à cet effet des sommes assez considérables, et accorda 3o arpens à l'Abbaye dans l'étendue de sa Seigneurie (4) ». Voici ce que dit Du Breul au sujet de la fondation de cette église : « Le Seigneur de sainct Mandé

---

(1) *Recherches critiques sur Paris*, de Jaillot, t. IV, XVe q^{er}, p. 42.

(2) Samson-Nicolas Lenoir, architecte, élève de Jacques-François Blondel, né en 1730 à Saint-Germain-en-Laye, dut son surnom de *le Romain* à ses études sur les antiquités romaines. On lui doit, outre la reconstruction de l'abbaye de Saint-Antoine, le marché Saint-Antoine, dit depuis Beauvau (1779); l'ancien Opéra construit en deux mois (1781) et incendié pendant la Commune (1871), sous le nom de théâtre de la Porte-Saint-Martin ; le théâtre de la Cité (1790), transformé depuis en une salle de bal (le Prado) détruite sous le second empire; l'ancien Wauxhall d'hiver de la rue Guisarde; l'établissement de bains du boulevard des Italiens, dit *Bains Chinois*, situé jadis au coin de la rue de La Michodière; la halle aux veaux, etc. Lenoir le Romain, mourut le 29 juin 1810.

(3) *Recherches critiques sur Paris*, t. IV, XVe q^{er}., p. 42.

(4) « Le plus ancien des Seigneurs de S. Mandé que nous connoissions, lit-on dans l'*Histoire du diocèse de Paris*, de l'abbé Lebeuf (t. V, 5e part., p. 37) est mémorable par ses libéralités envers l'Abbaye de saint Antoine des Champs. Nous ignorons son nom : mais nous sçavons que ce fut lui qui fournit la dépense pour bâtir l'Eglise de cette Abbaye, vers l'an 1220 et 1230, et qu'il lui donna pour la doter trente arpens de terre en sa censive. »

qui se tenoit à Paris, pour aller à sadite seigneurie passoit souuent pardeuant l'Eglise sainct Antoine qui est sur le chemin, et desiroit y ouyr Messe. Mais pour la grande multitude de peuple ny pouuoit entrer. Parquoy il prend resolution d'en faire bastir vne plus grande : Et regardant à son thresor, il trouua qu'il auoit sept mil mailles d'or (1). Laquelle somme il veut employer en marchandise, pour du proufit qui en prouiendra faire construire ladite Eglise. Si fit venir quatre Clercs, et à chacun d'iceux bailla mil obolles d'or, et les enuoya en diuers lieux, les en chargeant d'acheter et faire venir à Paris diuerses marchandises. Lesquels firent si bon traficq qu'en quatre ans suiuans l'Eglise fut parfaite de leur gain, et si ledit seigneur receut le principal argent : qui est chose admirable. Iceluy aussi donna à ladite Eglise trente arpens de terre en sa censiue et seigneurie pres dudit S. Mandé (2). »

Cette église, dont la dédicace fut faite en grande pompe, le 2 juin 1233, par Guillaume, évêque de Paris, assisté de plusieurs autres prélats, en présence du roi saint Louis et de sa mère Blanche de Castille, était de style gothique et consistait en un chevet d'une architecture remarquable et en une nef avec bas côtés et galeries d'où les pensionnaires pouvaient assister aux offices (3).

Vue de l'extérieur, cette église, en forme de croix latine, était surmontée, au point de croisement de la nef et du transept, d'une tour terminée par une flèche hexagone (4).

« L'Eglise, lit-on dans Piganiol de la Force (5), est un gothique des meilleurs qui

(1) La maille ou obole, valant un demi-denier, était jadis la plus petite de nos monnaies d'or. C'est de là que viennent les locutions populaires *n'avoir ni sou ni maille* et *avoir maille à partir*.

(2) *Théâtre des antiquités de Paris*, p. 1240 et suiv.

(3) Voir aux Archives (sect. histor. L, 1015) une lettre d'indulgences accordées, dès le mois de mai 1233, par l'évêque de Senlis, à l'occasion de la dédicace de l'église de Saint-Antoine, et une lettre de Guillaume, évêque de Paris, datée de 1316, qui, pour reconnaître le zèle de Girard Philomène, bourgeois de Paris, qui a fait décorer à ses frais la chapelle de Notre-Dame, dans l'église abbatiale de Saint-Antoine, lui accorde, ainsi qu'à tous ceux qui l'imiteraient, trente jours d'indulgence.

Hélissende ou Héloïse Ire, de Moucy d'Autroy, onzième abbesse de Saint-Antoine (de 1287 à 1294), ratifia, en août 1287, la fondation d'une chapelle dans l'église de Saint-Antoine, faite par la reine Marguerite, veuve de saint Louis, avec le consentement de Thibaud, abbé de Cîteaux. En 1372, Drocque de Chevrel, dite aussi de Bourgoigne, vingtième abbesse de Saint-Antoine (de 1359 à 1381), fit fondre la principale cloche de cette église avec une inscription destinée à rappeler la date de la fonte et le nom. de la donatrice (V. la *Gallia christiana*, t. VII, col. 901 et 903).

(4) Une représentation détaillée de l'extérieur de cette église, dont nous donnons un *fac-similé* dans la planche III, figure sur une vue générale de Paris à vol d'oiseau, prise des hauteurs de Charonne, en quatre grandes feuilles, gravée par *N. Cochin* et éditée vers 1650 par *H. Jaillot*. Les fenêtres en ogive de cette église de style gothique sont métamorphosées, dans cette estampe, en fenêtres de plein cintre, selon la déplorable habitude des dessinateurs de cette époque. Il existe deux copies modernes assez inexactes de cette gravure : la première à la p. 719 du t. II du *Tableau de Paris*, de Saint-Victor (1808-1811), la seconde, dessinée par *Regnier* et lithographiée par *Champin*, dans le *Paris historique*, de Charles Nodier (1830-1839). — Le graveur *Pierre Erresalde* a donné une vue intérieure de cette église dans une estampe grand in-folio relative à la bénédiction solennelle de Madame Molé de Champlâtreux, abbesse de Saint-Antoine, sous le nom de Madeleine II, qui eut lieu dans cette église le 12 février 1653, en présence de la reine Anne d'Autriche (V. la planche V, dans la chronique de l'abbaye, à cette date). — Les quatorze piliers de la nef de l'église abbatiale de Saint-Antoine sont indiqués sur le plan de Paris de J. B. Jaillot (1775).

(5) *Description historique de la ville de Paris*, édit. de 1765, t. V, pp. 66 et 67.

« Saint-Antoine était un spacieux édifice, dit M. F. de Guilhermy (*Itinéraire archéol. de Paris*, p. 239), d'une architecture belle et régulière, éclairé par deux rangs de fenêtres d'une extrême légèreté. Les auteurs les moins favorables aux monuments de style gothique ont cité celui-ci comme un des plus remarquables de tout Paris. »

soient dans cette ville. Le chevet surtout et le double rang de vitraux sont d'une grande légèreté et donnent une clarté admirable. On a placé dans la nef le chœur des religieuses. La menuiserie des stalles est d'un beau travail, aussi bien que la chaire du prédicateur, qui est mobile; c'est un ouvrage en fer tout à jour, orné de feuillages en tôle d'une très belle exécution par un serrurier nommé *Poitevin*. La nef a deux bas côtés au-dessus desquels sont de petites arcades vitrées, où se placent les pensionnaires..... Quelque belle que soit la construction de cette Eglise, qui, malgré sa légèreté, subsiste en son entier depuis la fin du 12ᵉ siècle, elle est néanmoins défigurée par deux défauts insupportables : 1ᵉ le pavé de la cour est élevé d'une toise au-dessus du sol de l'Eglise ; 2ᵉ au lieu d'entrer par son extrémité en face du chevet, l'on y entre par une très petite porte quarrée ouverte dans une des croisées en haut près du Sanctuaire, où il faut descendre plusieurs marches. »

On voyait dans la nef de cette église, à gauche en entrant, un grand tableau relatif à la fondation de l'abbaye, représentant l'apparition légendaire de saint Antoine aux deux cardinaux envoyés de Rome par le pape pour pacifier les troubles de l'Université de Paris, lorsque ce pieux anachorète leur ordonne de faire édifier une église qui lui soit dédiée ainsi qu'à Jésus-Christ et à la sainte Vierge, église dont il indique lui-même avec des pierres les dimensions sur le sol (1).

Au premier pilier, en entrant, près du chœur des religieuses, était adossée contre le mur une grande tombe de pierre, décorée de six écussons en chef, sur laquelle était représentée une abbesse de la maison de Montfort dans l'attitude de la prière.

A droite du chœur était situé le tombeau de Jeanne de Suilly, vicomtesse de Melun, élevé de trois à quatre pieds, en marbre blanc et noir, avec son effigie couchée, ses armes (2) et l'épitaphe suivante gravée tout autour :

Cy gist noble dame madame Jeanne de Suilly, vicomtesse de Melun et femme jadis de noble homme Monseigneur Adam vicomte de Melun, sire de Montreuil-Bellay, qui trespassa en l'an de grâce 1306 lendemain de l'Ascension, 4ᵉ jour du mois de may. Priés Dieu pour l'ame de l'y que bonne mercy fasse a son ame.

Devant le grand autel, à droite (3), se trouvait le tombeau des deux princesses Jeanne et Bonne de France, filles du roi Charles V, mortes toutes deux en bas âge, en marbre noir et décoré de statues en marbre blanc, surmontées de dais gothiques fleurdelisés et des deux épitaphes ci-jointes, gravées sur des chapiteaux :

(1) *Théâtre des antiq. de Paris*, de Du Breul, p. 1236 et suiv.

(2) Les armes de la vicomtesse de Melun « d'azur semé d'étoiles d'or, au lion rampant de même brochant sur le tout » se trouvent reproduites à la p. 305 du t. VII d'un recueil in-f° d'épitaphes, conservé à la Bibliothèque de l'Arsenal (manuscr. n° 5405), dont une partie est intitulée : *Les tombeaux des personnes illustres nobles celebres et autres inhumées dans l'Église de l'Abbaye de S. Antoine des Champs avec leurs armes*. V. aussi à la Bibliothèque nationale (manuscr. n° 8116) le recueil d'épitaphes de Clairambault (t. I, n° 397 et suiv.) qui a pour titre : *Les tombeaux des personnes illustres, nobles et celebres qui sont inhumées dans l'abbaye des filles de Saint Antoine dite Saint Antoine des champs*.

(3) *Ad latus epistolæ* (du côté de l'épître), lit-on dans la *Gallia christiana*, t. VII, col. 903.

CY GIST

Madame IEHANNE, *aisnée fille de Mons. Charles aisné fils du Roy de France, Regent le Royaume, Duc de Normandie, et dalphin de Viennois, et depuis Roy de France; et de Madame Iehanne de Bourbon Duchesse de Normandie, et dalphine de Viennois, et depuis Royne de France, qui trespassa en labbaye St Antoine le; paris, le 21 jour d'ottobre lan de grace 1360 pries pour lame delle.*

CY GIST

Madame BONNE, *seconde fille de Mons. Charles aisné fils du Roy de france regent le Royaume duc de Normandie et dalphin de Viennois et depuis Roy de France, et de Madame Iehanne de Bourbon duchesse de Normandie dalphine de Viennois et depuis Royne de France qui trespassa au palais le 7e jour de nouembre l'an de grace 1360 pries pour l'ame delle.*

Les statues de cette tombe furent brisées en 1793 (1).

En face de la sépulture de Jeanne et Bonne de France, était un tombeau en marbre noir sur lequel était couchée une statue de femme avec une inscription indéchiffrable sur la bordure de la table. Sur les côtés, au-dessous de la table, se voyaient plusieurs figures de religieuses en marbre blanc sculptées en bas-relief.

Un cénotaphe, élevé en 1611, à la mémoire de Jacques de la Salle par sa sœur Renée de la Salle, abbesse de Saint-Antoine de 1600 à 1636, décoré de marbre et surmonté de ses armes, se voyait à droite, attaché contre le mur, avec une épitaphe latine (2) suivie de ce quatrain :

La Salle en ce lieu saint n'a pas sa sepulture
Turin garde ses os, mais sa fidele sœur
Abbesse en ce couvent a mis cette écriture
Pour montrer ce qu'on perd en perdant sa douceur.

(1) Un dessin à la plume, lavé à l'encre de Chine et rehaussé en couleur, représentant le tombeau de Jeanne et Bonne de France, fait partie d'un recueil de tombes de Gaignières de la collection de M. Albert Lenoir. On lit au bas : *Tombeau de marbre a costé droit du grand At et de l'église de St Antoine des Champs, au fauxbourg de Paris. Il est pour Jeanne et Bonne filles du Roy Charles V.* Pour éviter un fâcheux raccourci qui ne lui eût pas permis de faire figurer les deux effigies en question dans tous leurs détails, le dessinateur les a représentées en hauteur et perpendiculaires au soubassement décoré de bas-reliefs où figurent des religieuses en prières. Deux lévriers sont couchés aux pieds de la princesse Jeanne et un aux pieds de la princesse Bonne. Les têtes couronnées de ces deux jeunes princesses reposent sur des coussins figurés en marbre blanc. Au bas, à gauche, se voit une échelle d'un pied de long qui donne approximativement un peu plus de cinq pieds (1 m. 70 environ) pour la longueur totale de cette sépulture. Sur le dessin original de la collection de M. Albert Lenoir, les chapiteaux sont teintés de jaune et les dais sont semés de fleurs de lis d'or sur un fond d'azur entrecoupé de rinceaux teintés de rouge. Nous donnons une réduction de ce dessin dans la planche IV.

(2) V. l'*Épitaphier de Paris*, manuscrit du XVIIIe siècle conservé à la Bibliothèque de la ville, hôtel Carnavalet, n° 11, 479 (t. I, p. 46) et le recueil in-f° d'épitaphes conservé à la Bibliothèque de l'Arsenal (manuscr., n° 5,406) t. VII, pp. 305 et 306.

Près de la grille, au milieu du chœur, était la tombe de S. A. S. Madame de Bourbon-Condé, avant-dernière abbesse de Saint-Antoine, nommée en 1723, décédée en 1760, avec cette épitaphe :

Cy gît S. A. S. Madame MARIE-GABRIELLE-ÉLÉONORE DE BOURBON-CONDÉ, *Princesse du Sang, Religieuse professe de l'Abbaye de Fontevrault* (1), *et Abbesse de cette Abbaye pendant 38 ans et cinq mois, fille ainée de très-haut, très-puissant, et très-excellent Prince* LOUIS III DUC DE BOURBON-CONDÉ, *Prince du Sang, Grand maître de la Maison du Roi, et Gouverneur du Duché de Bourgogne, et de très-haute et très-puissante Dame* LOUISE-FRANÇOISE DE BOURBON, *appelée* MADEMOISELLE DE NANTES, *décédée au Prieuré Royal de la Saussaye* (2), *le 28 août 1760, âgée de soixante-neuf ans et huit mois, et inhumée sous cette tombe le 3 septembre suivant.* Requiescat in pace.

Dans le mur du premier pilier, à droite en entrant, était une plaque de marbre qui recouvrait les deux cœurs du maréchal de Clérambault et de dame Bouthillier de Chavigny, son épouse, renfermés dans un coffre de cuivre encastré dans le mur du pilier. On lisait deux inscriptions sur cette plaque de marbre, l'une latine (3), l'autre française que voici :

Sous ce marbre sont réunis les cœurs de Messire Philippe DE CLÉRAMBAULT, *Chevalier des Ordres du Roi, Gouverneur de Berri, Maréchal de France, décédé l'an 1665, tems auquel Louis-le-Grand l'avait choisi Gouverneur de Monseigneur le Dauphin; et de Dame Louise-Françoise* BOUTHILLIER DE CHAVIGNY, *son épouse, morte le 27 novembre 1722.*

Conformément à l'intention et dernière volonté de ladite Dame Maréchale de Clérambault, Messire Louis Bouthillier de Chavigny, Marquis de Pons, son neveu et son légataire universel, s'est acquitté de ce triste devoir par reconnoissance, et pour marque de son amour envers elle.

Le corps de la maréchale de Clérambault avait été inhumé aussi dans cette église, sous une tombe de marbre décorée de deux épitaphes composées par M. Simon, censeur royal, l'une en latin (4), l'autre en français ainsi conçue :

Saintes Filles, joignez vos prières à vos larmes. Cy gist qui vous aima toujours tendrement pendant sa vie, dame Louise-Françoise Bouthillier DE CHAVIGNY, *digne épouse de Messire Philippe* DE CLÉRAMBAULT, *Chevalier des Ordres du Roi, Gouverneur de Berri, Maréchal de France; Gouvernante de la Reine d'Espagne, femme de Charles II; de la Reine de Sardaigne, femme de Victor-Amédée, et de Philippe d'Orléans, Régent du Royaume*

---

(1) Abbaye célèbre au moyen âge (dans le départ. de Maine-et-Loire, arrond. de Saumur) fondée au commencement du XIIe siècle par Robert d'Arbrissel, prêtre breton, et comprenant des religieux et des religieuses sous le gouvernement d'une abbesse, dont les bâtiments servent aujourd'hui à la fois de maison centrale de détention pour onze départements et de colonie agricole pour les jeunes détenus.

(2) Prieuré de religieuses bénédictines situé près de Villejuif. C'était, dans l'origine, une *léproserie* pour de pauvres femmes atteintes de la lèpre, administrée par treize femmes saines chargées de les soigner. La prieure était nommée à vie par brevet royal. Ce prieuré fut supprimé en 1771.

(3) V. p. 69 du t. V de l'édit. de 1765 de la *Description historique de Paris*, par Piganiol de la Force.

(4) *Description histor. de Paris*, par Piganiol de la Force, édit. de 1765, t. V, p. 70.

pendant huit ans, durant la minorité de Louis XV. Cette éducation lui a mérité l'estime et la bienveillance de cette Famille Royale jusques à sa mort, arrivée le 27 de novembre 1722, dans la 89ͤ année de son âge. Messire Louis Bouthillier DE CHAVIGNY, *Marquis de Pons, son neveu et son légataire universel, pénétré de reconnoissance et de douleur, lui a fait mettre cette tombe comme un monument éternel de sa tendresse.*

Du consentement de S. A. S. Madame de Bourbon, Abbesse, et des Dames Religieuses de ce monastère, ledit Seigneur Marquis de Pons a fondé et donné la somme de quatre mille livres de principal, faisant celle de cent livres de rente annuelle ; pour faire dire dans cette Eglise tous les ans une messe avec les vigiles, pour le repos de l'âme de ladite Dame Maréchale de CLERAMBAULT, *sa tante, par contrat pardevant Chevali r et son confrère, notaires à Paris, le neuf avril 1725.*

En 1257, Pierre de Mousseaux, maître des œuvres de maçonnerie de l'Hôtel de ville, reçut ordre de MM. les prévôt des marchands et échevins de faire démolir l'église abbatiale de Saint-Antoine et d'en utiliser les matériaux pour les travaux publics. « Au-dessus de l'vne des portes de la mesme Abbaye, lit-on dans Du Breul (1), on void vn tableau repint depuis peu, au bas duquel cet escrit est aussi depeint. *L'an 1257, par la permission de Messieurs les Preuost des Marchands et Escheuins de la ville de Paris, fut enuoyé vn nommé Pierre de Monsiaux, maistre des œuures de la ville, pour abbatre l'Eglise de ceans, disant par eux auoir affaire de pierres pour ladicte ville. Mais si tost que ledit Monsiaux eut frappé le premier coup de marteau sur l'vn des pilliers du portail de ladite Eglise, ledict de Monsiaux fut embrazé du feu S. Antoine* (2). Vn os est suspendu deuant ce tableau, lequel on dit estre de ce Masson. » Sauval s'exprime ainsi à ce sujet (3) : « Que si certaine inscription qui se lit au-dessus de la principale porte de St Antoine des Champs

---

(1) *Théâtre des antiqvitez de Paris,* p. 1242.

(2) Le *feu Saint-Antoine,* dit aussi *feu ardent, feu sacré, feu d'enfer,* était une sorte d'érysipèle ou plutôt d'ergotisme gangreneux épidémique, mais non contagieux (qui ne doit pas être confondu avec la peste) dont l'origine remonte au xͤ siècle, engendré par le défaut d'hygiène et la misère au moyen âge, qui ravagea une grande partie de la France, du xͤ au xivͤ siècle, surtout les provinces du Dauphiné, de l'Ile-de-France et de la Lorraine. C'était un feu intérieur qui consumait peu à peu dans d'horribles souffrances. « Eorum qui igne infernali laborare dicuntur », lit-on dans un acte de 1254. Les extrémités gangrenées se refroidissaient, noircissaient et se détachaient d'elles-mêmes : les parties vives se séparaient des mortes. Pour obtenir leur guérison, les malades devaient être amputés des pieds et des mains et les survivants demeuraient contrefaits pour le reste de leur vie. Hugues le Grand, comte de Paris, convertit en hôpital l'église de Notre-Dame (la première sous ce vocable, fondée en 555 par Childebert, ruinée par les Normands en 857 et restaurée en 907 par Anschéric, évêque de Paris), lorsque cette cruelle épidémie sévit pour la première fois en 945, et le pape Urbain II fonda en 1093 un ordre religieux, dit *de Saint-Antoine,* pour soigner les malades atteints du feu sacré, dont le siège était à Vienne en Dauphiné. L'abbaye de Saint-Antoine en Viennois attira à Vienne un grand nombre de malades venus en pèlerinage, de toutes les contrées de l'Europe, au tombeau de saint Antoine qui passait pour opérer des guérisons miraculeuses. Plusieurs autres maisons du même ordre furent établies à Lyon, à Metz et à Pont-à-Mousson et le dauphin Charles (depuis Charles V) fonda en 1361, à Paris, sur l'emplacement d'un ancien *Manoir dit des Saussaies,* entre les rues Saint-Antoine et du Roi de Sicile, sous la dénomination de *Petit-Saint-Antoine,* pour le distinguer de l'abbaye du même nom, un couvent approprié pour loger et soigner les pauvres atteints du feu sacré et occupé par les chanoines réguliers de la congrégation de Saint-Antoine dits *Antonins.*

(3) *Histoire et recherches des antiquités de Paris,* t. I, p. 41.

est vraie, ce S' Anachorette ne pût souffrir qu'on ruinât impunément un lieu qui lui avoit été consacré; si bien que les Maçons se mettant après pour jetter tout par terre, furent attaqués en même tems du feu S' Antoine et brûlés. »

Cette église, après avoir subi d'importantes réparations, sur les dessins de Lenoir le Romain, de 1767 à 1770, époque où cet architecte réédifia entièrement les bâtiments de l'abbaye, avait été destinée à servir de paroisse au faubourg Saint-Antoine en 1791, après la suppression de l'abbaye (1), mais elle n'en fut pas moins fermée et vendue le 3 vendémiaire an V (24 septembre 1796), puis détruite de fond en comble (2).

Il y avait encore, dans l'abbaye de Saint-Antoine, outre l'église abbatiale réservée aux religieuses, une chapelle dite *crypte de Saint-Antoine*, située à gauche de l'entrée principale, fondée en 1211, sous le vocable de Saint-Pierre (3) et avec l'agrément de l'évêque de Paris, de l'abbesse et des religieuses de Saint-Antoine, par Robert de Mauvoisin (ou Malvoisin), frère d'Agnès II de Mauvoisin, quatrième abbesse de Saint-Antoine, qui y fit élever un tombeau où il fut inhumé en 1214 (4). Adam de Beaumont, gendre de Robert de Mauvoisin, fut enterré dans cette chapelle près de son beau-père. On y voyait aussi la tombe de Pierre de Beaumont, qui y était représenté revêtu d'une cotte de mailles, avec ses armes gironnées (5) surmontées de celles du royaume de Sicile, dont il avait été chambellan.

Le desservant de la chapelle Saint-Pierre ne pouvait ni baptiser, ni marier, mais seulement administrer les derniers sacrements aux malades et enterrer les morts dans l'enclos de l'abbaye.

Piganiol de la Force (6) avance que : « comme on prétend que cette Eglise a été aussi sous l'invocation de saint Hubert, on y a donné pendant longtems le *répit* à ceux qui avoient

(1) Une loi en date du 4 février 1791 l'avait transformée en église paroissiale avec une circonscription qui s'étendait de la barrière du Trône à la Râpée, de la Râpée jusqu'à la rue des Fossés-Saint-Antoine (boulevard de la Contrescarpe), de cette rue à la place de la Bastille, et de cette place à la barrière du Trône.

(2) Une statue en marbre blanc de la Vierge à l'enfant Jésus, provenant de cette église, fut achetée à vil prix, à l'époque de sa démolition, par un commerçant de la rue du Faubourg Saint-Antoine qui la mit dans une niche, au-dessus de sa boutique. Un libraire d'Angers en hérita après sa mort. Qu'est-elle devenue depuis ? C'est ce que nous ignorons. (V. à ce sujet la *Revue universelle des arts*, année 1857, t. V, p. 213.)

(3) Jacquemard observe judicieusement, à la p. 145 de ses *Remarques historiques et critiques sur les abbayes, etc., supprimées dans la ville et faubourgs de Paris*, que « le nom de Saint-Pierre convenoit d'autant mieux à une église extérieure, qu'elle étoit située près la porte de l'abbaye et que cette chapelle dédiée au portier du Paradis (dont Saint-Pierre porte les clefs) n'étoit que pour les serviteurs ou fermiers attachés au monastere; ils ne passoient pas le seuil de la porte de clôture, interdite aux hommes, depuis l'union de l'abbaye à l'ordre de Cîteaux. »

(4) V. aux Archives (sect. histor. L, 1015) une copie de la fondation de la chapelle Saint-Pierre. Le nom de Malvoisin a été substitué, dans cet acte, à tort ou à raison, à celui de Mauvoisin qui y était primitivement inscrit.

(5) *Gironnées*, divisées en plusieurs parties triangulaires dont les pointes se rejoignent, alternativement de métal et de couleur. En terme d'architecture, on entend par *giron* (du lat. *gyrus*, tour, parce que les anciens escaliers sont la plupart en tournant) la partie d'une marche sur laquelle on pose le pied en montant ou en descendant. *Giron* signifie, par analogie, en terme de blason, triangle à pointe longue qui ressemble à une marche d'escalier à vis et finit au cœur de l'écu.

(6) *Description de Paris*, édit. de 1742, t. IV, p. 441.

été mordus par des bêtes enragées, et on y a fait flâtrer (1) les chiens soupçonnés d'avoir été mordus, et d'être enragés, mais cet usage a été aboli il y a déjà du tems. » C'est une erreur : la chapelle dont parle ici Piganiol dépendait d'une maison appelée *le Répi Saint-Hubert*, située dans la rue du Faubourg Saint-Antoine, un peu plus loin et du même côté que l'abbaye, entre les rues de Reuilly et de Picpus, comme on le voit sur la plupart des plans du xviiie siècle, notamment sur ceux de Jean de La Caille (1714), de Guillaume Delisle (1716), de l'abbé De La Grive (1728), et de Pasquier et Denis (1758). Cet utile établissement, où on recueillait des vieillards infirmes et des aliénés, subsista jusqu'à la Révolution.

La chapelle Saint-Pierre servait à l'exposition des corps des rois et reines de France après leur mort, avant leur translation à l'église métropolitaine de Notre-Dame et de là à la basilique de Saint-Denis. Du Breul dit à ce sujet (2) : « La petite Eglise ou Chapelle mentionnee cy dessus est celle qui se void encores à present le long de la chaussce (3), en laquelle les corps des deffuncts Roys ou Roynes de France sont portez apres leurs decez, auant que de faire leur seruice solennel à l'Eglise nostre Dame, et là s'assemble la noblesse et gens de iustice, tous en dueil, pour de ce lieu conduire le corps en ladite Eglise de Nostre-Dame, et le lendemain à S. Denys en France. » On lit encore, à ce propos, à la p. 33 du *Supplément des antiquitez de Paris* de 1639, sous le titre de *l'Ordre de l'Vniuersité aux obseques et funerailles des Roys et Roynes de France* : « Que si le Roy est mort au Chasteau du bois de Vinciennes, et que le corps soit apporté en l'Eglise de sainct Anthoine des Champs, alors l'Vniuersité ira au deuant du corps, iusques à la Croix qui est au milieu du chemin dudit sainct Anthoine des Champs iusques à la Bastille, d'où elle retournera processionnellement auec l'Euesque de Paris, auquel appartient de leuer le corps du Roy, et le porter iusques à l'Eglise de Notre-Dame (4). »

Cette chapelle servit, vers 1625, de succursale à l'église paroissiale de Saint-Paul, avant la construction de l'église de Sainte-Marguerite. « La Chappelle qui tient aux murs de l'Abbaye de sainct Anthoine des Champs, seruoit cy-deuant d'ayde à la parroisse de sainct Paul, et les

(1) *Flâtrer*, marquer d'un fer rouge en forme de clef un animal soupçonné d'avoir été mordu, pour le préserver de la rage. Saint Hubert, fils de Bertrand, duc d'Aquitaine, évêque de Maëstricht et apôtre des Ardennes au viiie siècle, passait pour avoir le don de guérir de la rage. La curieuse instruction qui va suivre sur le traitement des animaux soupçonnés d'être enragés est extraite du recueil des *Petits Bollandistes* : « On bénit des *clefs* ou *cornes* qu'on touche à la sainte étole (de saint Hubert). Ces *clefs* ou *cornes* sont des fers coniques de trois à quatre pouces de long, et de cinq à six lignes de large, terminés par une espèce de sceau représentant un cornet. Dès qu'on s'aperçoit qu'un animal a été mordu, il faut faire rougir la clé ou corne au feu et l'imprimer sur la plaie même... Puis on récite pendant neuf jours cinq *Pater* et cinq *Ave*, et l'on donne tous les jours à l'animal un morceau de pain bénit ou un peu d'avoine bénite par un prêtre en l'honneur de saint Hubert. »

(2) *Théâtre des antiquitez de Paris*, p. 1241.

(3) La chaussée Saint-Antoine, dite depuis rue du Faubourg Saint-Antoine.

(4) Le roi Louis X dit le Hutin mourut de la fièvre au château de Vincennes le 5 juin 1316, jour de la Trinité, en laissant la reine Clémence, sa veuve, grosse d'un garçon (Jean I) dont elle accoucha dans ce château le 15 novembre de la même année et qui y mourut en bas âge le 20 novembre suivant. Charles IV dit le Bel y mourut aussi le 1er février 1328. Les corps de Louis X, Jean I et Charles IV durent être exposés à l'abbaye de Saint-Antoine comme le furent plus tard ceux du roi Jean (Jean II) en 1364, de la reine Jeanne d'Évreux, veuve de Charles IV, en 1370, de Charles V en 1380 et de Charles IX en 1574.

Dimanches et Festes de l'année on y faisoit l'eau beniste, les Commandemens, on y chantoit la Messe parrochiale, les Vespres, et le seruice diuin. Mais le docteur Fayet, curé de sainct Paul (1), pour soulager les habitans du Fauxbourg de sainct Anthoine, ceux de Piquepuce, et de la Croix Fobin, fit bastir vne Eglise entre ledit Fauxbourg et le Hameau de la Croix Fobin, qu'il fit dedier à l'honneur de Dieu, souz le nom de saincte Marguerite Vierge Martyre (2). »

La chapelle Saint-Pierre fut vendue le 3 vendémiaire an V (24 septembre 1796), et détruite en même temps que l'église principale de l'abbaye (3).

Le 27 avril 1776, l'abbesse et les religieuses de Saint-Antoine vendirent au sieur Jean-François Chomel de Seriville, avocat au parlement, 13,740 toises de superficie de terrains nécessaires à l'ouverture d'un marché et de cinq rues adjacentes, pour le dégagement de ses abords, qui furent dénommées par un arrêt du conseil du 8 janvier 1780. Ce marché, dont l'établissement avait été autorisé par lettres patentes du 17 février 1777, fut construit en 1779 sur les dessins de Lenoir le Romain et s'appela d'abord *Saint-Antoine*, à cause du voisinage de l'abbaye, puis *Beauvau* en l'honneur de Madame la princesse Gabrielle-Charlotte de Beauvau-Craon, dernière abbesse de Saint-Antoine, nommée par brevet royal en 1760, et dépossédée par la Révolution en 1790. Cette aliénation de terrains diminua sensiblement la contenance de l'enclos de l'abbaye du côté du sud-ouest (4).

L'abbaye de Saint-Antoine qui renfermait une bibliothèque de trois mille volumes et des archives très considérables, dont la plus grande partie est encore conservée de nos jours aux Archives, fut supprimée en 1790, ainsi qu'un grand nombre d'établissements du même genre, et un décret de la Convention nationale du 28 nivôse an III (17 janvier 1795), rendu sur le rapport de Bô, représentant du peuple, au nom du comité des secours publics, la convertit en hôpital, sous le nom d'*hôpital Saint-Antoine* (5). L'année suivante (1796), l'église abbatiale et la chapelle Saint-Pierre furent entièrement rasées. Le 19 messidor an VI (17 juillet 1798), la majeure partie des anciens jardins compris dans l'enclos de cette abbaye fut vendue en cinq lots : les rues Chaligny, de Citeaux et Crozatier, ont été ouvertes à diverses époques sur leur emplacement, ainsi que le boulevard Mazas (dit depuis boulevard Diderot).

Avant de clore cette étude topographique, nous mentionnerons plusieurs annexes de l'abbaye de Saint-Antoine situées en dehors de son enclos, mais à proximité de la susdite abbaye : deux boucheries, un moulin à vent et une ferme.

La première des deux boucheries, fondée en 1643, était située vis-à-vis de l'abbaye, de

---

(1) Docteur en théologie de la Faculté de Paris et chanoine de Notre-Dame.

(2) *Supplément des antiquitez de Paris* (1639), p. 83,

(3) Une brasserie, élevée à peu près sur l'emplacement de la chapelle Saint-Pierre, s'est appelée jadis, avons-nous ouï dire, *brasserie Saint-Pierre*, en souvenir du vocable de cette chapelle.

(4) V. à ce sujet aux Archives (sect. topogr., IIe cl., nº 19) un plan et toisé du nouveau marché Saint-Antoine, dressé par Pierre-Antoine Rivière, géomètre ingénieur, géographe des domaines du roi, etc., et le plan géométral détaillé de l'abbaye de Saint-Antoine et environs qui figure sur le plan de Paris de P. Verniquet (1789-1798).

(5) V. le *Journal des débats et décrets* (t. XXVIII, nº 845, p. 393 et suiv.)

l'autre côté de la rue du Faubourg Saint-Antoine, à l'entrée de la rue de Montreuil (1). En 1742, ses bénéfices annuels s'élevaient déjà, selon Piganiol (2), à trente mille francs. La seconde boucherie, dite *Boucherie neuve*, fondée en 1673, se trouvait à l'entrée de la rue du Faubourg Saint-Antoine, en face de la Bastille (3). Ces deux boucheries, successivement octroyées à l'abbaye par lettres patentes du 2 mars 1643 et de janvier 1673, étaient privilégiées, ainsi qu'en fait foi une sentence du lieutenant général de police (4) du 6 juillet 1745, défendant « à toutes sortes de personnes de vendre, colporter ni débiter aucune viande de boucherie dans le fauxbourg Saint-Antoine, ailleurs que dans les deux boucheries à ce destinées; et aux propriétaires et principaux locataires de souffrir qu'il en soit vendu dans aucun lieu de leurs maisons, à peine d'amende et de confiscation de marchandises (5). »

Où était situé le moulin à vent de l'abbaye de Saint-Antoine ? Nous ne saurions préciser au juste son emplacement exact, ce moulin n'étant dénommé sur aucun plan de Paris; mais nous pouvons affirmer, d'après des documents authentiques contemporains, qu'il se trouvait sur le territoire de Reuilly, entre l'abbaye de Saint-Antoine et le bois de Vincennes (6). On lit en effet, dans une chronique du règne du roi Jean (7), le récit circonstancié d'une conférence solennelle qui eut lieu le 8 juillet 1358, entre le Dauphin (depuis Charles V) et le roi de Navarre, Charles le Mauvais, « en un pavillon qui fu tendu sur une motte (8), entre Saint-Anthoine et le bois... (9), en un lieu que l'en dit le Moulin-à-vent ». Il s'agit ici, c'est fort probable, du moulin de l'abbaye de Saint-Antoine. Sauval cite de son côté, dans ses preuves, extraites des registres du secrétariat de l'archevêché (10), un acte du 31 janvier 1625 de Jean-François de Gondy, premier archevêque de Paris, autorisant les habitants de Reuilly et villages circonvoisins à construire à leurs frais une chapelle succursale de l'église paroissiale de Saint-Paul, avec cimetière contigu, acte où se trouve le passage suivant : « *Viso etiam contractu donationis unius arpenti terræ siti propè domum Domini temporalis de Ruilli, et molendinum venti Monasterii sancti Antonii a Campis...* » *Vu aussi le contrat de donation d'un arpent de terre situé près de la maison du Seigneur temporel de Ruilli (11), et du moulin à vent de l'Abbaye de Saint-Antoine-des-Champs...* Cette citation de Sauval corrobore, croyons-nous, l'assertion de la chronique du règne du roi Jean qui fixe l'emplacement de ce

(1) L'ancien bâtiment de cette boucherie subsiste encore de nos jours et est loué à diverses industries, non loin d'une fontaine dite, sur d'anciens plans, *de la Petite-Halle* ou *de l'abbaye de Saint-Antoine.*
(2) *Description de Paris*, t. IV, p. 442.
(3) V. le *Traité de la police* de De Lamare, t. II, p. 1315. Cette boucherie figure sur les plans de Paris de Bernard Jaillot (1713) et de Jean de La Caille (1714).
(4) Claude-Henri Feydeau de Marville.
(5) V. aux Archives (sect. administr., cart. S, 4363, et reg. S, 4383) plusieurs pièces relatives aux deux boucheries de l'abbaye de Saint-Antoine.
(6) Ce fut près de ce moulin que cinquante-neuf templiers furent brûlés vifs, en mai 1310, sous le règne de Philippe le Bel (v. p. 187 du t. V des *Grandes chroniques de France* publiées par M. Paulin Paris).
(7) T. VI, p. 120 des *Grandes chroniques de France.*
(8) *Motte*, petite éminence de terre.
(9) Le bois de Vincennes.
(10) *Hist. et rech. des antiquités de Paris*, t. III, p. 163.
(11) Jean de Vitry.

moulin entre l'abbaye de Saint-Antoine et le bois de Vincennes : or, le domaine seigneurial de Reuilly, sur le territoire duquel s'élevait le moulin de l'abbaye, se trouvait précisément dans la situation indiquée dans cette chronique. En 1590, à l'époque du siège de Paris, Henri IV donna ordre d'incendier les moulins à vent aux environs de Paris. « De sorte que l'ennemy..., écrit un des assiégés (1), fut contrainct de faire une très honteuse retraite. Et ne sçachant pour lors que pis faire, il passa sa colère au mieux qu'il peust, en faisant brusler tous les moulins à vent qui estoient autour de la ville (2). » Ce fait se trouve confirmé par ces quelques lignes extraites d'une lettre en date du 14 mai 1590, adressée par Henri IV à la comtesse de Gramont (3) : « Hier, je prins le faux-bourg de Paris, de force ; les ennemys y perdirent beaucoup et nous peu... Je fis brusler tous leurs moulins, comme j'ay faict de tous les autres costez. » Le moulin à vent de l'abbaye de Saint-Antoine dut toutefois être épargné, à cause de sa proximité de l'abbaye, occupée et fortifiée par Henri IV, comme le prouve ce passage d'une *Histoire du siège de Paris* insérée au t. VII des *Mémoires de la société de l'histoire de Paris*, daté du jeudi 19 juillet : « Les ennemis... firent lascher deux ou trois petites pièces de campagne, braquées à couvert près le moullin à vent Sainct-Anthoine. »

Une ferme très importante, dite *ferme Saint-Antoine*, située à Montreuil-sous-Bois, près Paris, qui figure sur le *Plan des environs de Paris* de l'abbé Delagrive (1740), dépendait autrefois de l'abbaye de Saint-Antoine-des-Champs. L'abbé Lebeuf en parle ainsi dans son *Histoire du diocèse de Paris* (t. V, 5ᵉ part., p. 72) : « Saint-Antoine est un bien qui appartenoit à l'abbaye de ce nom à Paris, et qui anciennement s'appelloit Aunay. Dès l'an 1310 Pierre de Chambly, riche seigneur, y fit quelques acquisitions de ce couvent. » Non loin de cette ferme était située la *Justice* de l'abbesse et des religieuses de Saint-Antoine, cette abbaye ayant droit de haute, moyenne et basse justice, comme étant d'origine noble et de fondation royale (4).

(1) *Journal du siège de Paris, en 1590*, rédigé par un des assiégés, publié par Alfred Franklin (*Paris, Willem,* 1876, in-8), chap. II, p. 159.

(2) Les Parisiens remplacèrent ces moulins à vent par des moulins à bras ou mus par un manège.

(3) *Lettres de Henri IV* (t. III, p. 194).

(4) V. aux Archives (sect. histor. L, 1015, année 1402, et sect. admin., cart. S, 4367).

II

CHRONIQUE DE L'ABBAYE

DE

SAINT-ANTOINE-DES-CHAMPS

(1198-1402)

'ABBAYE royale de Saint-Antoine-des-Champs qui a donné son nom à tout un quartier de Paris, à la rue Saint-Antoine et à celle du Faubourg Saint-Antoine, et dont la situation topographique, à proximité de la porte Saint-Antoine et de la Bastille (dite dans l'origine *Bastide Saint-Antoine*), lui valut plus d'une fois de jouer un rôle marquant dans nos annales historiques, soit pendant les guerres civiles qui eurent lieu du xve au xviie siècle, soit à l'occasion d'entrées solennelles à Paris ou de cérémonies funèbres d'obsèques royales, fut fondée en 1198, sous le règne de Philippe-Auguste et sous le pontificat du pape Innocent III, près d'une chaussée ou grande route, dite depuis rue du Faubourg Saint-Antoine, par Foulques, curé de Neuilly-sur-Marne, qui prêcha la IVe croisade (1) : « Ledict Euesque Maurice (2), lit-on dans *Les croniqves et annales de France*, de Nicole Gilles (fueil. xcj, verso), laissa vn chapelain, nommé Foulques, par les preschemens et admonnestemens duquel plusieurs femmes demourans à Paris, mal conditionnées, qui auoyēt mal vsé et abusé de leurs corps, se con-

---

(1) Il fut puissamment aidé dans cette fondation par Hugues Foucault, élu abbé de Saint-Denis en 1186. « Hugues, surnommé Foucault, dit Félibien (p. 207 de son *Histoire de l'abbaye de Saint-Denys*), estoit déjà fort connu par ses prédications : il fut un de ceux qui eurent plus de part, avec le fameux Foulques de Neuilly, à la fondation de l'abbaye de Saint-Antoine des champs à Paris. »

(2) Maurice de Sully, évêque de Paris de 1160 à 1196.

3

uertirent à deuotion et à viure solitairement (1) : et en l'an mil cent quatre vingtz dixhuyct pour elles fut fondée et édifiée l'Abbaye de sainct Anthoine des Champs pres Paris. »

Du Breul qui fait remonter la date de cette fondation à 1181 (2) en raconte l'origine légendaire, p. 1236 et suiv. de son *Théâtre des antiqrites de Paris*. Nous avons cru devoir reproduire ici en entier le texte original de ce récit qui reflète si fidèlement dans sa naiveté la foi et les croyances du moyen âge.

« En ceste Abbaye sont Religieuses de l'ordre S. Benoist, soubz la congregation de Cisteaux. De laquelle la fondation est descrite en vn grand tableau de leur Eglise, au deça du cœur, a main senestre (3), en ces termes.

« L'an de l'Incarnation de nostre Seigneur 1181 s'esmeut certain discord entre les Escolliers de l'Vniuersité de Paris, et aucuns habitans de ladite ville. Pour cause que lesdits Escolliers de iour à autre, prenoient et rauissoient de faict et force de leurs femmes, filles et chambrieres.

« Pour lesquelles causes furent plusieurs desdits Escolliers et bourgeois, occis et massacrez, tellement que lesdits Escolliers se voulurent departir, et aller tenir Vniuersité ailleurs. Parquoy la ville de Paris en demeura moult depopulee, et la foy par ce moyen blessee. Et pour ce icelle Vniuersité enuoya à Rome pardeuers le sainct Pere. Lequel pour obuier aux inconueniens qui s'en fussent ensuiuis, enuoya deux de ses Cardinaux à Paris, pour pacifier et accorder lesdicts parties. Lesquels venus de Rome arriuerent au bois de Vincennes pres Paris enuiron l'aube du iour. Et ceux qui les auoient esté querir, arriuerent entre ledit bois et Paris, sur vne petite montagne, au dessus du lieu, où est à present fondee l'Eglise sainct Antoine. Et là fut erigee vne Croix, nõmee *la Croix Benoiste*, à present brisee, d'où l'on void à plain la ville de Paris (4). Iceux Cardinaux se mirent à descendre à genoux, faisans leurs prieres à nostre Createur, affin qu'ils peussent faire chose qui luy fut agreable, et la chose accomplir pour laquelle ils estoient enuoyez. Et ce faict remonterent sur leurs mules. Et vindrent vn peu outre la vallee en approchant de Paris. Où ils trouuerent vne personne en semblance d'Hermite, tenant en sa main vn manequin ou panier

(1) « Et aussi, dit l'auteur des *Grandes chroniques de France* (t. II, f° 25, verso), les folles femmes qui se mettaient aux bordeaux et aux carrefours des voyes, et s'abandonnaient, pour petits prix, à tous, sans avoir honte ni vergogne. » On lit encore à ce sujet dans la *Chronique d'Albéric*, au xiii° siècle : « Fundauit etiam magister Fulco de publicis mulieribus, quas a peccato retraxerat, domum monalium sancti Antonii Parisiis. » Ces femmes de mauuaise vie se coupèrent les cheveux en signe de pénitence et Foulques de Neuilly pourut à l'entretien de celles d'entre elles qui prirent la ferme résolution de se convertir.

(2) La plupart des chroniqueurs ou historiographes parisiens ne s'accordent pas sur la date véritable de la fondation de l'abbaye de Saint-Antoine-des-Champs. Après Du Breul qui lui assigne celle de 1181, La Caille la fixe en 1182 et Le Maire (*Paris ancien et nouveau*, t. I, p. 296) en 1190. Jaillot mentionne dans ses *Recherches critiques sur Paris* (t. IV, XV° qⁿ, p. 40) un contrat de vente fait à cette abbaye en 1191, revêtu du sceau de Philippe-Auguste, la dixième année de son règne, contrat cité dans la *Gallia christiana* (t. VII, col. 899). Germain Brice (*Description de Paris*, t. II, p. 104) donne la date de 1193, Rigord et Guillaume de Nangis, dans leurs *Chroniques*, citent celle de 1198, la plus accréditée, et Albéric, chroniqueur du xiii° siècle, donne celle de 1199.

(3) *Au deça du cœur*, en deçà du chœur (dans la nef), *a main senestre*, à gauche.

(4) Sauval dit au sujet de cette croix (*Hist. et rech. des antiq. de Paris*, t. II, p. 330) : « J'ai passé la Croix Benoiste, dressée en 1181, au lieu où a été fondé depuis Saint Antoine des Champs, parce que je tiens pour un conte ce qu'en dit Du Breul. »

plein de pierres. Et iceluy Hermite les iettoit sur terre par espace d'vne eniambee en compassant (1) et enuironnant le lieu d'icelle Eglise, où elle est à present fondee. Auquel Hermite ils s'addresserent et l'admirerent, en disants qu'il leur dit qui il estoit, et que signifioit ce qu'il faisoit. Lequel tantost leur dict. Ie suis Antoine icy enuoyé par la volonté du tout puissant, pour compasser et faire l'enceinte de ce lieu. Auquel i'ordonne que l'on edifie vne Eglise, où le tout puissât et sa glorieuse mere soient priez, honorez et seruis, et moy aussi, pour soulager et supporter le peuple de France de trauail et de peine. Et afin que plus legerement ils puissent acquerir le remede de ce qu'ils requerront, pour ce que par deça les monts n'y a Eglise qui en soit fondee. Et ces choses dictes lesdits Cardinaux luy faisants plusieurs prieres et requestes, le virent esuanoüyr. Et apres se remonstrer et vindrent à Paris de bon matin ; Et eux logez, ne firent et ne dirent chose touchant leur ambassade, iusques à ce qu'ils eussent reuelé ladite vision, comme ils firent peu apres, l'vn preschant en l'Eglise sainct Merry, et l'autre en l'Eglise sainct Seuerin. Alors le peuple de Paris meu de deuotion, fit fonder audit lieu vne petite Eglise et Chapelle au pourpris (2) de sainct Antoine, qui encore y est, sur le chemin en l'honneur du glorieux amy de Dieu Monsieur sainct Antoine. Ils y firent aussi vn hostel (3) surnommé de sainct Antoine : où se retirerent plusieurs personnes pour y viure chastement et solitairement : comme le lieu y estoit propre, ayant plusieurs bocages et deserts. »

Foulques de Neuilly vulgarisa par ses prédications cette apparition légendaire de saint Antoine, par ordre des deux cardinaux envoyés par le pape à Paris. « Et par son moyen, dit Du Breul (*Théâtre des antiquit. de Paris*, p. 1238), tant qu'il vesquit retira maintes personnes, tant vsuriers comme menans vie dissoluë... Aux hommes e femmes de dissolution, et mesmement à celles qui s'abandonnoient pour vil et petit p:is, fit renoncer et delaisser leurdits vices. » Après sa mort, Pierre de Roissy, son successeur, continua à prêcher au peuple la légende de Saint-Antoine. « Tellement, ajoute Du Breul (*ibid.*), qu'en ladicte maison (qui estoit en forme d'Hermitage), en l'an 1197, il s'y retira grand nombre de Prestres et laics, hommes et femmes. » Cette maison étant devenue insuffisante, par suite de la multiplicité des conversions, on éleva deux bâtiments, un pour les hommes, sur la chaussée Saint-Antoine, et un pour les femmes, du côté de la cour. Chacun de ces bâtiments renfermait un dortoir, un réfectoire et un cloître (4).

1204. — Les religieuses de Saint-Antoine-des-Champs embrassèrent en 1204 la règle de Cîteaux (d'où leur nom de *Cisterciennes*) (5), d'après le conseil de saint Guillaume, arche-

(1) *Compassoit*, mesurant.

(2) *Au pourpris*, dans l'enclos.

(3) *Hostel*, ermitage, maison de refuge.

(4) Le cloître des femmes se nommait encore, au commencement du xvii⁰ siècle, *le vieil cloître aux dames*.

(5) L'habillement des religieuses de l'ordre de Cîteaux consistait en une tunique ou robe blanche avec scapulaire noir et ceinture de même couleur. Au chœur la plupart portaient des coules (du lat. *cucullus, cuculla*, capuchon) sortes d'habits blancs à capuchon et à grandes manches. Les sœurs converses avaient des vêtements de couleur tannée et les novices étaient habillées de blanc. — La dénomination de la rue de Cîteaux rappelle encore de nos jours la règle à laquelle se soumirent en 1204 les religieuses de Saint-Antoine.

vêque de Bourges, ancien chanoine de Notre-Dame de Paris, ex-religieux de Gramont, ancien abbé de Chaalis, qui les exhorta à se soumettre à la règle de cet ordre, en reconnaissant pour supérieur l'abbé de Citeaux et en consentant à lui obéir et à recevoir dans l'enclos les religieux qu'il leur enverrait pour les confesser et leur administrer les sacrements. Ce fut à partir de cette époque, selon Jacquemard (1), que le seuil de la porte de clôture fut interdit aux hommes.

Leur maison fut érigée en abbaye, en 1204, par Eudes (ou Odon) de Sully, évêque de Paris (2), successeur de Maurice de Sully, mort le 11 septembre 1196. Ce prélat qui avait beaucoup contribué par ses conseils à la réforme de la nouvelle abbaye, l'exempta de toute soumission épiscopale, la dota de tous les privilèges, franchises et exemptions dont jouissaient les autres abbayes de l'ordre de Citeaux (3) et voulut que les religieuses ne fussent assujéties à aucun autre ordre.

La première abbesse de Saint-Antoine, élue en 1204, se nommait Théophanie (4).

1206. — L'abbaye de Saint-Antoine fut incorporée en 1206 à l'ordre de Citeaux, par lettre d'Eudes de Sully, évêque de Paris (5), insérée dans un décret du chapitre général de Citeaux, en même temps que celle de Porroy ou Port-Royal-des-Champs (6). Elle fut gouvernée depuis par l'abbé de Citeaux, père immédiat de l'abbaye de Saint-Antoine, selon les statuts et constitutions de l'ordre.

(1) *Remarques historiques et critiques sur les abbayes, etc., supprimées dans la ville et faubourgs de Paris*, p. 147.

(2) *Histoire ecclésiastique de Paris*, t. II, p. 209.

(3) Entre autres privilèges, elle avait celui d'exempter de la maîtrise ou obligation de se faire recevoir maîtres tous les ouvriers qui habitaient le faubourg Saint-Antoine. Le texte latin de la lettre d'Eudes de Sully, copié sur l'original aux archives de l'abbaye de Saint-Antoine, se trouve reproduit à la p. 600 du t. V de l'*Histoire de Paris*, de Félibien. V. aux *Pièces justificatives*, à la fin du présent ouvrage, n° I, année 1204.)

(4) « En l'année 1211, sous la bienheureuse Thiéphaine ou Théophine, lit-on dans une *Copie de la fondation de la chapelle de S. Pierre* conservée aux Archives (sect. hist. L., 1015), première abbesse de Saint-Antoine et la septième année de son gouvernement... » Du Breul dit, par erreur, à la p. 1240 de son *Théâtre des antiquitez de Paris* : « Et fut créée la première abbesse, sœur Theophaine, qui présida douze ans. » Elle ne gouverna que dix ans, de 1204 à 1214. — L'abbesse de Saint-Antoine, dite *dame du faubourg Saint-Antoine*, était aussi dame de tous les villages compris entre la Seine et Popincourt (ou plutôt Piacourt) tels que la Croix-Faubin, la Folie-Regnault, Picpus, la Râpée, Reuilly, etc.

(5) V. dans l'*Hist. de Paris*, de Félibien (t. V, p. 601) le texte latin de cette lettre copié, comme celui de la précédente, sur l'original, aux archives de l'abbaye. (V. aux *Pièces justificatives*, à la fin du présent ouvrage, n° II, année 1206).

(6) L'abbaye de Porroy, dite depuis, par corruption, Port-du-Roi et Port-Royal, fut fondée en 1204, dans un vallon solitaire nommé *Borroy* (en langue celtique *Broussailles*), près de Chevreuse (Seine-et-Oise) par Eudes de Sully, évêque de Paris. En 1625 elle fut transférée à Paris, à cause de son insalubrité. L'abbesse Angélique Arnaud fit quitter à la communauté en 1630 l'ordre de Citeaux auquel elle avait été incorporée en 1206. Vers 1645, l'abbaye primitive de Port-Royal fut assainie et réparée, on la repeupla de religieuses et on lui donna le nom de *Port-Royal-des-Champs* pour la distinguer du couvent de Port-Royal de Paris. Ce fut à Port-Royal-des-Champs que se réfugièrent un grand nombre de savants illustres et d'hommes célèbres par leur génie ou leurs vertus, tels qu'Antoine Arnauld, Arnauld d'Andilly, Lancelot, Lemaître de Sacy, Nicole, Pascal et Racine. Le 29 octobre 1709 les religieuses de ce monastère furent enlevées par ordre du lieutenant de police d'Argenson qui ne leur laissa qu'un quart d'heure pour se disperser et leur enjoignit de se retirer dans d'autres couvents du royaume. L'abbaye de Port-Royal-des-Champs fut détruite de fond en comble et les cadavres enterrés dans l'église et le cimetière de cette abbaye furent exhumés, puis transférés dans les paroisses les plus voisines.

1208. — L'union et incorporation de l'abbaye de Saint-Antoine à l'ordre de Cîteaux furent confirmées en 1208, au chapitre général de Cîteaux, par un décret rendu par les abbés de Cîteaux, de La Ferté, de Pontigny, de Clairvaux et de Morimond, décret où sont mentionnés les clercs et les convers attachés à l'abbaye. « Les clercs portoient cape et scapulaire, escrivoient leur profession sur une cedule (1), et la mettoient sur l'autel ; mais l'engagement des convers estoit moins solemnel ; l'abbesse les recevoit au chapitre seulement, et là en sa presence ils promettoient stabilité. C'est ainsi qu'elle recevoit leur profession. Le chapitre general promet que quand les uns et les autres viendront dans les maisons de l'ordre, les convers seront admis avec les autres convers à l'église, au chapitre, au refectoire, au dortoir ; et les clercs seront placez à l'église derriere le chœur, et au dedans des monasteres, dans un lieu convenable, separé des laïques, où l'on aura soin d'eux (2). »

1210. — Le pape Innocent III prit, en 1210, l'abbaye de Saint-Antoine sous sa protection spéciale en confirmant par plusieurs bulles successives la soumission des religieuses à la règle de Cîteaux, « y adioustant des indulgences et pardons de peine et de coulpe (3), pour les Religieuses et domestiques dudict sainct Antoine, et pour tous ceux qui visiteront ce lieu tous les ans le lendemain de Pasques, et y aumosneront de leurs biens selon leur pouuoir et facultez : autant comme s'ils visitoient les sainctes Eglises de Rome (4). »

1211. — Robert de Mauvoisin (ou Malvoisin) fonda en 1211, dans l'enclos extérieur et à gauche de l'entrée de l'abbaye, avec l'agrément de Pierre II de Nemours (dit *le Chambellan*), évêque de Paris, et des abbesse et religieuses de Saint-Antoine, la crypte de Saint-Antoine (5) ou chapelle Saint-Pierre. Une copie de la fondation de cette chapelle, dont nous allons donner ici quelques extraits, se trouve aux Archives (sect. histor. L., 1015).

« En l'année 1211, y est-il dit, sous la Bienheureuse Thiéphaine ou Théophine, première abbesse de Saint-Antoine, et la septième année de son gouvernement, Monsieur Robert de Malvoisin, considérant la piété et la religion et en même temps la pauvreté des Dames de Saint-Antoine, leur donna quelques arpens de terre, du gré et consentement de sa femme Cécile et de sa fille Isabel, et de Madame Adelaïe sa mère ;

« En la même année 1211, le susdit Robert de Malvoisin, fonda, du consentement de l'abbesse et religieuses de Saint-Antoine, une chapelle ditte aujourd'huy de S* Pierre, dans l'enclos extérieur de leur Abbaye, il y élut sa sépulture et leur léguat quelques biens pour y faire célébrer par un prestre regulier ou seculier, trois fois par semaine, le service entier des morts pour le repos de son âme après sa mort.

« En la même année, Adam de Beaumont, gendre de Robert de Malvoisin, du consentement de sa femme Isabel, ratifia et approuva la donation faite par son dit beau pere à

---

(1) *Sur une cedule*, sur un billet.

(2) *Histoire de Paris* de Félibien (t. I, p. 226 et suiv.) Le texte latin du décret en question, copié sur l'original, aux archives de l'abbaye de Saint-Antoine, se trouve *ibid.* t. V, p. 601. (V. aux *Pièces justificatives*, à la fin du présent ouvrage, n° III, année 1208).

(3) *Coulpe* (du lat. *culpa*), faute, péché.

(4) *Théâtre des antiq. de Paris* de Du Breul, p. 1239.

(5) V. *La France pontificale*, par H. Fisquet, t. II, p. 536.

l'Abbaye de St Antoine pour la fondation de laditte Chapelle à laquelle il affecte quelques biens pour l'entretien du prestre auquel l'abbesse et la communauté doivent faire célébrer le service des morts cy dessus mentionné. »

1214. — Robert de Mauvoisin (ou Malvoisin) mourut en 1214, et fut enterré dans la chapelle Saint-Pierre qu'il avait fondée (1).

Théophanie, abbesse de Saint-Antoine, mourut en 1214, et fut enterrée au chapitre avec une épitaphe ainsi conçue : *Cy gist Thiephine, premiere abbesse de ceans.* Elle fut remplacée par Agnès Ire, qui gouverna sept ans l'abbaye (2).

1215. — Pierre II de Nemours, évêque de Paris, son archidiacre et Gui, curé de Saint-Paul, sur la paroisse duquel l'abbaye de Saint-Antoine avait été fondée, par lettre datée de mai 1215, exemptèrent les religieuses des droits paroissiaux auxquels ils auraient pu prétendre et octroyèrent à cette abbaye les droits curiaux sur tout l'enclos, les domestiques et les hôtes qui y seraient hébergés (3). « Et donnerent permission irrevocable, dit Du Breul (4), aux Religieuses et Prestres seculiers demeurāts en la ceinture de l'Abbaye où ès enuirons, de leur administrer tous les saincts sacrements. »

Louis VIII, fils de Philippe-Auguste, ayant épousé Blanche, fille d'Alphonse IX, roi de Castille, et nièce de Jean, roi d'Angleterre, en eut un fils dit depuis saint Louis, né à Poissy, en 1215. « En memoire de la ioye qu'il eut d'auoir eu ledict enfant sainct Louys, lit-on dans Du Breul (5), il donna à ladicte Abbaye (de Saint-Antoine) la terre où est situee l'Eglise, et les enuirons, contenants 14 arpens et vnze perches de vignes. Et deux cents soixante dix arpens de terres, qui sont entre Paris et le bois de Vincennes. »

1221. — Agnès Ire, abbesse de Saint-Antoine, étant morte cette année, fut inhumée au chapitre avec une épitaphe constatant qu'elle fut la deuxième abbesse, et fut remplacée par Amicie Ire (6).

1223. — En 1223 « Guillaume, Evesque de Paris, consentit que les biens que Robert de Malvoisin avoit leguez pour fonder une chapelle en la cour de l'abbaye de St Antoine y fussent assignez, le consentement en fut donné au mois de novembre de la même année (7). »

---

(1) « Adam de Beaumont, lit-on dans la *Copie de la fondation de la chapelle Saint-Pierre*, est enterré dans la Chapelle de St Pierre auprès de son beau-père Robert de Malvoisin. Pierre de Beaumont y est aussi enterré : il est représenté sur sa tombe armé d'une cotte de mailles avec ses armes gironnées, et au-dessus les armes du royaume de Sicile pour marque qu'il en avoit esté Chambellan. Il léguait par son testament de 1272 à l'abbaye de Saint-Antoine où il eslut sa sépulture 7tt. parisis de rente pour y faire annuellement son anniversaire, desquelles 7 tt. il veult qu'on en prenne 40 sols parisis pour la pitance du couvent le jour qu'on fera son anniversaire. »

(2) V. la *Gallia christiana*, t. VII, col. 900.

(3) Le texte latin de cette lettre, copié sur l'original aux archives de cette abbaye, se trouve dans l'*Histoire de Paris* de Félibien (t. V, p. 601). — V. aussi aux *Pièces justificatives*, à la fin du présent ouvrage (n° IV, année 1215).

(4) *Théâtre des antiq. de Paris*, p. 1240.

(5) *Théâtre des antiq. de Paris*, p. 1240.

(6) Sœur Gilles, selon Du Breul (*ibid.*) qui dit à tort qu'elle gouverna seize ans. Son gouvernement ne dura que douze ans, Agnès II de Mauvoisin, quatrième abbesse de Saint-Antoine, ayant été élue en 1233.

(7) V. la *Copie de la fondation de la chapelle Saint-Pierre* (Archives, sect. histor. L., 1015).

1237. — En novembre 1237, le roi saint Louis confirma par un diplôme, daté de Saint-Germain-en-Laye, les droits de l'abbaye de Saint-Antoine qui devint *abbaye royale* à partir de son règne. Ce diplôme et un acte de donation de Barthélemy de Roye, chambrier de France (dans la seigneurie duquel était située cette abbaye) évaluent la contenance de l'enclos de l'abbaye de Saint-Antoine à cette époque à 14 arpents, et prouvent que les religieuses possédaient en outre, en dehors de cet enclos, 174 arpents de terre, 11 arpents et un quartier de vigne, entre Paris et le bois de Vincennes, plus deux maisons dans Paris.

Jaillot, après en avoir fait mention, ajoute (1) : « Ces deux actes détruisent ce qui a été avancé par Du Breul, sur la donation faite à cette Abbaye et qu'il suppose plus considérable qu'elle ne l'étoit effectivement. »

1232. — Guillaume, évêque de Paris, accorda, en mai 1232, une indulgence de vingt et un jours à tous ceux qui donneraient des secours pécuniaires à l'abbaye de Saint-Antoine (2).

1233. — La dédicace de l'église abbatiale de Saint-Antoine à Notre-Seigneur Jésus-Christ, à la vierge Marie, sa sainte Mère, et à saint Antoine (au nom duquel elle avait été dédiée), fut faite en grande cérémonie, le 2 juin 1233, quatrième fête de la Pentecôte, par Guillaume III, dit *d'Auvergne*, évêque de Paris, Godefroy (Gautier, selon Du Breul), évêque de Cambrai, et Pierre, évêque de Meaux, qui officièrent avec l'assistance des évêques de Chartres, de Noyon, de Soissons, de Senlis et de Châlons, en présence du roi saint Louis, de la reine Blanche de Castille, sa mère (3), de ducs, comtes, barons, etc., et d'une grande affluence de peuple venu de Paris. Les saintes reliques de cette église furent mises, à l'occasion de cette solennité, les unes dans des reliquaires d'argent, les autres dans des châsses.

Agnès II de Mauvoisin, sœur de Robert de Mauvoisin, fondateur de la chapelle Saint-Pierre, fut élue abbesse de Saint-Antoine en 1233 (4).

1239. — La sainte couronne d'épines qui avait servi à la passion de Notre-Seigneur Jésus-Christ, ayant été vendue par Baudouin II, empereur latin de Constantinople, au roi saint Louis, au prix fort élevé pour l'époque de 11,000 livres parisis (5),

(1) *Recherches critiques sur Paris*, t. IV, p. 41.

(2) V. sa lettre aux Archives (sect. histor. L, 1014). Les seigneurs de Saint-Mandé et les comtes de Montfort furent les principaux bienfaiteurs de cette abbaye. Un seigneur de Saint-Mandé fit rebâtir entièrement à ses frais, selon Du Breul, l'église abbatiale de Saint-Antoine où fut inhumée une abbesse de la maison de Montfort.

(3) Du Breul (*Th. des antiq. de Paris*, p. 1241) et la *Gallia christiana* (t. VII, col. 900) font figurer par erreur croyons-nous, dans cette solennité, la reine de France, femme de saint Louis. Ce ne fut que l'année suivante, en 1234, que ce roi épousa Marguerite, fille aînée de Raymond II Bérenger, comte de Provence : la cérémonie de ce mariage eut lieu à Sens.

(4) Elle s'était mariée deux fois, d'abord avec Guillaume, vidame de Gerberoy, dans le diocèse de Beauvais, puis à Dreux de Cressonsart (Cressonsacq) dont elle eut trois fils : l'un d'eux, nommé Robert, devint doyen puis évêque de l'église de Beauvais. Aussi lisait-on cette courte épitaphe sur la tombe d'Agnès enterrée au chapitre après sa mort : « *Hic jacet domina Agnes de Cressonsart quondam abbatissa.* » (*Gallia christiana*, t. VII, col. 900.)

(5) 1,350,000 francs.

arriva d'Orient, le 10 août 1239, et fut déposée provisoirement à Villeneuve-l'Archevêque (1) où elle fut exposée à la vénération des fidèles. Elle était renfermée dans trois cassettes, l'une dans l'autre, dont la première était en bois, la seconde en argent et la troisième en or. Elle fut transportée sur un brancard, de Villeneuve-l'Archevêque à Sens et de Sens à Paris, par le roi saint Louis, Robert, comte d'Artois, son frère, et quelques autres seigneurs marchant tous nu-pieds. Avant d'entrer à Paris, le cortège fit une station à l'abbaye de Saint-Antoine-des-Champs où la vénérable relique fut exposée aux regards des Parisiens, sur un échafaud dressé en rase campagne (2). Plusieurs prélats, revêtus de magnifiques habits pontificaux, présidèrent cette pompeuse cérémonie et tous les chapitres et couvents de Paris reçurent l'ordre de se rendre en procession, avec leurs reliques les plus renommées, à l'abbaye de Saint-Antoine, pour honorer la sainte couronne d'épines et lui faire escorte jusque dans la Cité, sorte d'hommage rendu par les reliques nationales à une relique étrangère (3). « Semblablement, lit-on dans les *Croniques et annales de France*, de Nicole Gilles (t. I, fueil. ciiij), allerent au deuant tous les colleges et processions des eglises de Paris, et celle de sainct Denis et des enuirons, portãs tous les assistens chacun vn cierge de cire en leur main, et moult beaux reliquaires, richemẽt habillez de chappes de drap d'or et de soye : et estoyent le Roy et ses freres tous nudz piedz et nues testes, et la pluspart du peuple pareillement. »

1240. — Amicie II, de Briart de Villepècle (4), fut élue abbesse de Saint-Antoine, en 1240.

1248. — Le roi saint Louis accorda en 1248 l'amortissement de tous les biens que possédait l'abbaye de Saint-Antoine.

Le 12 juin 1248, « qui étoit un vendredi d'après la Pentecôte, St Louis alla à Saint-Denys, où le légat lui donna les marques de son pelerinage pour la Terre-Sainte, c'est-à-dire, l'escharpe et le bourdon, avec l'oriflame. Saint Louis revint le même jour à Paris, et alla nuds pieds entendre la messe à Notre-Dame et à l'abbaye de Saint-Antoine des champs, accompagné des processions de la ville, et d'une grande foule de peuple : ayant recommandé le succès de son voyage aux Religieux, il monta à cheval pour aller à Corbeil (5). »

1253. — L'abbesse de Saint-Antoine, élue cette année, prit le nom de Jeanne Ire.

1254. — Jeanne Ire, étant morte le 23 mai 1254, on élut Guillemette (ou Guillelmine) comme abbesse, pour lui succéder.

---

(1) Villeneuve-l'Archevêque (ou sur Vannes), chef-lieu de canton du départ. de l'Yonne, arrond. de Sens.

(2) « Dans un lieu qu'on nomme encore *La Guette* » lit-on à la p. 15 du t. II de la *Descrip. histor. de la ville de Paris* de Piganiol de la Force.

(3) Les chanoines de Sainte-Geneviève refusèrent de transporter la châsse de leur patronne à l'abbaye de Saint-Antoine, en prétextant que cette châsse ne sortirait de leur église que si celle de saint Marcel, conservée à Notre-Dame, venait la chercher.

(4) L'abbé Lebeuf nous apprend, dans son *Hist. du diocèse de Paris* (t. XIII, p. 200), qu'elle était née à Lieu-Saint. A. M. Le Fèvre l'appelle par erreur *Villepèche* dans son *Calendrier histor. et chronol. de l'Église de Paris. (Paris Cl. Hérissant, 1747, in-12.)*

(5) V. pp. 198 et suiv. du *Calendrier histor. et chronol. de l'Église de Paris*, par A. M. Lefèvre. — Le roi saint Louis partait en 1248 pour la septième croisade.

1255. — Guillemette, abbesse de Saint-Antoine, vendit aux religieux de Prémontré, par contrat passé au mois de juin de cette année (1), avec l'autorisation de l'abbé de Cîteaux, son supérieur régulier, et de l'évêque de Paris (2), pour trois cent cinquante livres parisis, la seigneurie et la censive de neuf maisons, rue des Étuves, près du couvent des Cordeliers, sur lesquelles les religieuses et abbesse de Saint-Antoine-des-Champs, avaient droit foncier et sept livres six sols parisis de cens annuel et perpétuel. « L'an 1255, au mois de juin, lit-on dans Félibien (3), Guillemette, abbesse de S. Antoine des Champs et sa communauté, avec la permission de l'abbé de Cisteaux, vendit à l'abbé et à l'ordre de Prémontré la seigneurie et la censive de neuf maisons situées près des Cordeliers dans la ruë des Estuves, c'est à sçavoir quatre soûs parisis de rente fonciere sur la maison des enfans d'Adam le Romain; douze de rente fonciere sur la maison de feu Pierre Sarrazin; cent soûs parisis de surcens sur la mesme maison; six soûs parisis de rente fonciere sur la maison de Jean de Beaumont; six de pareille nature sur la maison de Marguerite du Celier; quatre sur celle de Nicolas le Romain; autant sur celle de feu Richard du Porche; quarante deniers de mesme nature sur la maison d'Agnès de Vitri, et autant sur celle de Denise des Champs; le tout faisant sept livres six soûs parisis de cens annuel, qui fut acheté par les religieux de Prémonstré, pour la somme de trois cent cinquante livres parisis, employée en autres fonds par les religieuses de S. Antoine (4). »

1256. — L'abbesse de Saint-Antoine, élue cette année, prit le nom de Jeanne II.

1257. — En 1257, Pierre de Mousseaux, maître des œuvres de maçonnerie de la Ville, reçut ordre de MM. les Prévôt des Marchands et Échevins, de faire abattre l'église de l'abbaye de Saint-Antoine, pour en employer les matériaux à d'autres ouvrages publics, mais dès qu'il voulut entreprendre la démolition d'un des piliers du portail, il fut brûlé du feu Saint-Antoine. Un tableau suspendu au-dessus d'une des portes de l'abbaye représentait cet épisode légendaire, selon Du Breul, qui ajoute : « Vn os est suspendu deuant ce tableau, lequel on dit estre de ce Masson (5). »

1258. — Le roi saint Louis, accorda en 1258, des privilèges d'entrée à l'abbaye de Saint-Antoine et lui octroya une charte pour la franchise des ponts, portes, péages et travers, pour tout le royaume, tant par terre que par eau (6).

1262. — Renauld ou plutôt Régnault III (de Corbeil), évêque de Paris, assigna en 1262 à l'abbaye de Saint-Antoine soixante livres parisis pour y fonder son anniversaire (7).

---

(1) Le texte latin de ce contrat de vente se trouve reproduit dans Du Breul (*Théât. des antiq. de Paris*, p. 618) et à la p. 209 du t. III de l'*Histoire de Paris* de Félibien (V. aux *Pièces justificatives*, à la fin du présent ouvrage, n° V, année 1255). .

(2) Regnault III de Corbeil, évêque de Paris, de 1249 à 1268.

(3) *Histoire de Paris* (t. I, p. 339).

(4) Le collège des Prémontrés fut fondé sur l'emplacement de ces neuf maisons (V. le *Dictionnaire historique de la ville de Paris*, par Hurtaut et Magny, t. IV, p. 133).

(5) *Théâtre des antiq. de Paris*, p. 1242.

(6) V. aux Archives (sect. histor. L., 1,015).

(7) V. aux Archives (sect. histor. L., 1,014).

1268. — L'abbesse de Saint-Antoine, élue en 1268, se nommait Philippine.

En cette même année (1268), on s'empara d'un juif maudit qui, après avoir été chrétien pendant vingt ans et plus, s'être marié selon le rite chrétien et avoir eu de sa femme des enfants chrétiens, se fit ensuite circoncire et se convertit à la religion juive avec deux de ses enfants. Le dimanche qui précède la fête de Saint-Vincent, à Saint-Anthoine près Paris, en présence d'un grand nombre de fidèles, vu que ceux qui assistaient à une pareille cérémonie gagnaient une indulgence extraordinaire de l'évêque, il fut privé de son rang, dégradé et livré à un tribunal séculier par l'évêque. Le vendredi suivant, comme il aimait mieux être brûlé vif que de revenir à la foi chrétienne, disant et affirmant que, si on rassemblait et allumait tout ce qu'il y avait de bois dans la ville de Paris, et si on le jetait au milieu de ce brasier, les flammes ne pourraient le consumer, on le mena sur la place où se tient le marché aux pourceaux de Paris (1), on le lia sur un bûcher préparé d'avance où il fut entièrement brûlé, sans qu'aucune partie de son corps ou de ses membres échappât à la combustion, et ses cendres furent dispersées dans les champs près du lieu de son supplice (2).

1272. — En février 1272, le roi Philippe III (dit le Hardi) exempta l'abbaye de Saint-Antoine de tout impôt pour tout ce qu'elle faisait transporter par terre et par eau (3).

1274. — Philippine, abbesse de Saint-Antoine, étant morte en 1274 (4), Agnès III fut élue à sa place et se vit forcée d'abdiquer par suite de ses infirmités (5).

Sceau de l'abbesse de Saint-Antoine en 1275.

1287. — Hélissende ou Héloïse Iʳᵉ, de Moucy d'Aunoy, élevée cette année à la dignité

(1) La place du marché aux pourceaux de Paris était située à cette époque près de l'église paroissiale de Saint-Honoré qui prit le nom de *Saint-Honoré aux Porciaux*. Ce marché fut transféré à la butte Saint-Roch après l'achèvement de l'enceinte de Charles V.

(2) Le texte latin original, dont on vient de lire la traduction, extrait d'une *Chronique parisienne du xiiiᵉ siècle* publiée par M. Léopold Delisle et provenant d'un manuscrit du fonds Cottonien (Vespasien DIV) a été réimprimé dans des *Notes sur quelques manuscrits du Musée Britannique* insérées au t. IV des *Mémoires de la société de l'Histoire de Paris*. (V. aux *Pièces justificatives*, à la fin du présent ouvrage, nᵒ VI, année 1268.)

(3) V. aux Archives (sect. hist. L., 1015).

(4) Elle fut inhumée au chapitre. D'après son épitaphe, elle gouverna six ans l'abbaye et mourut en état de grâce en août 1374. (V. La *Gallia christiana*, t. VII, col. 901.)

(5) Nous donnons ici une reproduction d'un sceau de 1275 de l'abbesse de Saint-Antoine conservé aux Archives sous le nᵒ 9156. L'abbesse y est représentée tenant sa crosse d'une main et de l'autre un philactère avec l'inscription : VE MA (AVE MARIA). On lit en exergue : ABBATISSE SCL. ANTONII. PARISIE.

d'abbesse de Saint-Antoine, ratifia, en août 1287, la fondation d'une chapelle dans l'église de Saint-Antoine faite par la reine Marguerite, veuve de saint Louis, avec le consentement de Thibaud, abbé de Cîteaux.

Agnès III, ancienne abbesse de Saint-Antoine, mourut le 20 septembre 1287.

1291. — En 1291, le pape Nicolas IV défendit à Hélissende ou Héloïse Ire, abbesse de Saint-Antoine, d'admettre dans son abbaye plus de cent quarante religieuses professes ou converses.

1294. — Hélissende ou Héloïse Ire, étant morte le 8 septembre 1294 (1), fut remplacée, comme abbesse, par Laure de Treseikens.

1298. — Laure de Treseikens s'étant démise de ses fonctions en 1298, Gillette de Beaumont-au-Bois, élue abbesse au mois d'avril de cette année, prit le gouvernement de l'abbaye de Saint-Antoine.

1304. — Gillette de Beaumont-au-Bois, abbesse, étant morte le 2 novembre de cette année (2), fut remplacée par Alix de la Roche, élue le samedi après la Toussaint (7 novembre) de l'an 1304.

1306. — Le 28 octobre 1306, l'illustre et pieuse dame Alix (de la Roche), religieuse, abbesse de Saint-Antoine, près Paris, en recevant la bénédiction solennelle de Guillaume (de Baufet), évêque de Paris, lui a prêté le serment obligé d'obéissance et de respect. Fait l'an du Seigneur MCCC six, le jour des apôtres Simon et Jude (28 octobre) à Saint-Antoine, près Paris (3).

1310. — En mai 1310, sous le règne de Philippe le Bel, cinquante-neuf Templiers (4) furent brûlés vifs près du moulin de l'abbaye de Saint-Antoine : tous moururent avec le plus grand courage et en protestant de leur innocence. « En l'an de Nostre-Seigneur mil

---

(1) Elle fut enterrée dans le chapitre, avec cette épitaphe : *Icy gist humble et religieuse Helissant de Moucy, jadis prieure 13 ans et 7 ans abbesse de ceans, qui trespassa l'an de Grace 1294 au mois de Septembre le jour de la Notre-Dame. Priez pour l'ame de li, que Dieu mercy li fasse.* » (V. la *Gallia christiana*, t. VII, col. 901.)

(2) Elle fut inhumée au chapitre avec cette épitaphe :

Isto sarcophago sunt ossa simul et imago
Nobilis Egidie, pulcra sit et facie
Prælata pia nobis fuit ipsa, Maria
Virgo det auxilia, ne sit in angaria.
Pastor et Antonius sit sibi propitius.
Anno milleno ter centeno quoque quarto
Cessit ab hoc mundo Novembre dieque secundo.

(3) Le texte latin de ce curieux document, dont nous donnons ici la traduction, se trouve reproduit dans le *Cartulaire de Notre-Dame de Paris*, publ. par Guérard (t. III, p. 248) et à la p. 539 du t. II de l'ouvrage de Dubois, intitulé *Historia Ecclesiæ Parisiensis*. (V. les *Pièces justificatives*, à la fin du présent ouvrage, n° VII, année 1306.)

(4) L'ordre religieux et militaire des Templiers, dont le siège principal était au Temple, à Paris, était accusé d'impiété, d'immoralité et de pratiques superstitieuses : ils furent tous arrêtés le vendredi 13 octobre 1307, par ordre de Philippe le Bel qui, convoitant leurs immenses richesses, fit instruire leur procès avec la dernière rigueur et eut recours à la torture pour leur arracher de prétendus aveux. Ceux qui les rétractèrent furent condamnés au bûcher. L'abolition de l'ordre fut prononcée en 1312 par le pape Clément V, qui confisqua leurs biens au profit des hospitaliers de Saint-Jean, depuis chevaliers de Malte. Le roi Philippe le Bel s'appropria une partie des richesses dont il les avait dépouillés.

trois cent et dix, lit-on au chap. LXV de l'*Histoire du roy Phelippe le Bel* (*De la condamp-nacion des Templiers*) (1), pluseurs Templiers à Paris vers le moulin Saint-Antoine (2)... furent ars et les chars et les os en poudre ramenés : des quiels Templiers dessus dis cin-quante-quatre (3), le mardi après la feste de la saint Nicolas en may, vers le dit moulin à vent, si comme il est dessus dit, furent ars. Mais iceux, tant eussent à souffrir de douleur, oncques en leur destruction ne vouldrent aucune chose recognoistre. Pour la quielle chose leurs ames, si comme on disoit, en porent avoir perpétuel dampnement, car ils mistre le menu peuple en très grant erreur. Et pour voir après ce ensuivant, la veille de l'Ascension Nostre-Seigneur Jhésucrist, les autres Templiers en ce lieu meisme furent ars, et les chars et les os ramenés en poudre; des quiels l'un estoit l'aumosnier du roy de France qui tant de honneur avoit en ce monde; mais oncques de ses forfais n'ot aucune recognois-sance (4). »

Gilles Corrozet qui assigne à cet événement la date de 1309, en parle ainsi au f° 105 (verso) de l'édit. de 1561 de ses *Antiqritez... de Paris :* « L'an mil CCCIX les cheualiers Templiers (l'ordre desquels auoit esté aboly et côdemné au concile de Vienne) pour le heresies, idolatries, et pechez de sodomie, dôt on les accusoit, furent bruslez vifs', iusque au nombre de 50 à la porte S. Anthoine vers le molin, tous attachez chacun à vn pieu et le bois à l'entour d'eux depuis les pieds iusques à la teste. »

Le 24 juin 1310, mourut Laure de Treseikens, ancienne abbesse de Saint-Antoine, qui avait abdiqué en 1298. Son épitaphe, au chapitre, était ainsi conçue : « *Icy gist dame Lore de Tre..... jadis abbesse de chele abbie, qui trespassa l'an de Grace 1310 le jour de St Jean Baptiste. Priez pour l'ame de li, que Dex bonne mercy li fasse, amen* (5). »

1315. — En 1315, le roi Louis X (dit le Hutin), assigna à l'abbaye de Saint-Antoine, treize livres dix sols parisis de rente sur le péage du travers (6) de Corbeil et d'Essone (7).

---

(1) V. les *Grandes chroniques de France selon que elles sont conservées en l'église de Saint-Denis en France,* publiées par M. Paulin Pàris, t. V, p. 187.

(2) Le moulin de l'abbaye de Saint-Antoine, dont la dénomination ne figure sur aucun plan de Paris, devait être situé, d'après un acte de 1615 cité par Sauval (*Hist. et rech. des antiq. de Paris,* t. III, p. 163), sur le territoire de Reuilly, entre l'abbaye de Saint-Antoine et le bois de Vincennes.

(3) « Quinquaginta novem Templarii » (*cinquante-neuf Templiers*), dit le texte latin de Guillaume de Nangis : c'est la version la plus accréditée. — Pasquier et Denis avancent, sans preuves à l'appui de cette assertion hasardée, à la p. 70 du texte qui accompagne leur *Plan de Paris* (1758), à propos d'une boucherie de l'abbaye de Saint-Antoine établie en 1643, en face de cette abbaye, au coin des rue de Montreuil et du Faubourg Saint-Antoine : « C'est à peu près l'endroit où les 59 Templiers furent brûlés sous le règne de Philippe le Bel. »

(4) V. aussi, à la date de 1310, la *Chronique* de Guillaume de Nangis, bénédictin de l'abbaye de Saint-Denis, tra-duite en français dans le t. XXIX de la *Collection des mémoires relatifs à l'histoire de France,* par Guizot. (V. pour le texte latin les *Pièces justificatives,* à la fin du présent ouvrage, n° VIII, année 1310.)

(5) V. la *Gallia christiana,* t. VII, col. 902.

(6) *Péage du travers :* on nommait ainsi tous les droits d'aides, entrées et sorties des villes, passages et travers : « Droit nominal, lit-on à ce sujet dans le *Dictionnaire universel de* Trévoux (t. VII, p. 161), qui se lève au passage des bois, ponts et bacs de rivières, tant sur les personnes que sur les denrées qui traversent de province en province sur lequel on prenoit l'entretien des ponts, planches et passages. »

(7) *Histoire du diocès de Paris* de l'abbé Lebeuf, t. XI, p. 218.

1316. — L'évêque de Paris (Guillaume de Beaufet, dit d'Aurillac), accorda en 1316 une lettre d'indulgence à Girard Philomène, bourgeois de Paris, pour avoir fait décorer à ses frais la chapelle Notre-Dame dans l'église abbatiale de Saint-Antoine (1).

Alix de la Roche, abbesse de Saint-Antoine, mourut en 1316 et fut inhumée sous l'arcade du cloître la plus proche de l'église. Hélissende ou Héloïse II Allaire, de Paris, fut élue abbesse à sa place.

1322. — Le 26 mars 1322, Charles, comte de Valois, frère de Philippe le Bel, paya un capital de 16 livres parisis pour affranchir son hôtel ou maison de Notre-Dame-des-Champs (près de l'église de ce nom) d'une rente annuelle de 30 sols parisis constituée au profit de sœur Marie de Senlis, nonnain au couvent de Saint-Antoine (2).

1324. — Marguerite Ire Petit, fille d'Henri Petit, bourgeois de Paris, et de Marie......., fut élue abbesse de Saint-Antoine au mois de mai de l'année 1324.

1330. — Perrine ou Pétronille Ire, sœur consanguine de Pierre de Condé, archidiacre de Soissons, succéda à Marguerite Ire, en 1330, comme abbesse de Saint-Antoine et gouverna près de deux ans.

1332. — Par une déclaration de 1332 (sous le règne de Philippe VI, de Valois), l'abbaye de Saint-Antoine-des-Champs avait à Corbeil trente-deux sols parisis sur le revenu du roi (3).

Perrine ou Pétronille Ire, étant morte le 15 décembre de cette année, fut inhumée dans le chapitre, avec une épitaphe. Améline de Bourdon, née à Paris, fut élue abbesse à sa place.

1338. — Le 17 mai 1338, Améline de Bourdon, abbesse de Saint-Antoine, mourut et fut enterrée à l'entrée du chapitre. Elle fut remplacée par Marguerite II d'Allemant, née à Paris, comme l'abbesse précédente.

1357. — En 1357, sous le règne de Jean II, les religieuses de l'abbaye de Saint-Antoine furent obligées de se réfugier à Paris, à cause des troubles de la Jacquerie qui survinrent dans l'Ile-de-France, aux environs de Paris (4). On lit à ce sujet dans *Étienne Marcel* (5), p. 150 : « L'attention que le prévôt des marchands (Étienne Marcel) donnait aux moindres détails était d'autant plus nécessaire qu'à ce moment la population de Paris s'était accrue d'un grand nombre d'habitants des campagnes qui venaient y chercher un abri. Les religieux mêmes, jusqu'alors respectés, fuyaient devant les voleurs et les compagnies, dont les exploits de grand chemin rappelaient ceux qui avaient rendu si célèbres et si redoutables, au xiie siècle, les routiers et les brabançons. On vit arriver successivement les sœurs de Poissy, de Longchamps, de Melun, de Saint-Antoine, etc. »

(1) V. aux Archives (sect. histor. L., 1015).
(2) V. aux Archives (Trésor des Chartes, J., 165, n° 99) un acte de sœur Aalis (Allaire, dite Héloïse II), abbesse de Saint-Antoine.
(3) *Histoire du diocèse de Paris* de l'abbé Lebeuf, t. XI, p. 228.
(4) Les seigneurs donnèrent à cette époque au peuple soulevé contre eux dans les campagnes le surnom de *Jacques Bonhomme* : ce fut là l'origine de la *Jacquerie* qui ne cessa que par l'extermination des paysans révoltés.
(5) *Histoire générale de Paris, Étienne Marcel (1354-1358)*, par F. T. Perrens (*Paris, Imprimerie nationale*, 1874, in-4).

1358. — Le 8 juillet 1358, eut lieu, près de l'abbaye de Saint-Antoine, une conférence solennelle entre le dauphin Charles (depuis Charles V) et Charles le Mauvais, roi de Navarre. Le récit détaillé de cette entrevue se trouve au chapitre LXXXIII d'une chronique intitulée : *Cy comencent les fais du bon roy Jehan* (1), dont le sommaire est ainsi conçu : *Coment le regent (2) et le roy de Navarre assemblèrent en un parillon qui fu tendu sur une motte (3) entre Saint-Anthoine et le bois (4), pour accorder un traictié que la royne Jehanne (5) avoit basti, et du serement que ledit roy fist sur Corpus Domini (6) que l'evesque de Lisieux avoit célébré (7), en entencion que ledit régent et ledit roy le usassent pour plus fermement tenir leur seremens ; mais ledit roy de Navarre refusa à user le premier.*

« Le dimenche huitiesme jour de juillet ensuivant, assemblèrent lesdis régent et roy de Navarre en un pavillon qui, pour ce, fu tendu près de Saint-Anthoine, en un lieu que l'en dit le Moulin-à-Vent (8), pour accorder ensemble certain traictié que la royne Jehanne avoit pourparlé. Si estoient les batailles (9) dudit régent toutes ordenées aux champs en quatre batailles, où l'en estimoit bien douze mil hommes d'armes et plus. Et les gens du roy de Navarre furent en bataille ordenés sur une petite montaigne près de Monstruel (10) et de Charonne, et n'estoient pas plus de huit cens combattans, si comme l'en les estimoit. Et, pour ce que ils estoient si petit nombre ne approchièrent point ledit pavillon né les batailles audit régent.

« Si parlementèrent ledit régent et ses gens et le roy de Navarre et ses gens, en la présence de ladite royne. Si furent à acort par la manière qui s'ensuit, c'est assavoir : pour toutes les choses que ledit roy pourroit demander audit régent pour quelconques causes que ce fust, luy bailleroit dix mil livres de terre et quatre cens mil florins à l'escu, lesquels seroient bailliés audit roy par la manière qui s'ensuit. C'est assavoir la première année cent mil, et chascun an ensuivant cinquante mil, jusques à fin de paie ; et si seroient lesdis quatre cens mil florins pris sur les aydes que le peuple feroit pour cause des guerres, sans ce que ledit régent en fust autrement tenu né obligé (11). Et pour ce, ledit roy de Navarre devoit estre avec ledit régent contre tous excepté le roy de France ; et afin que ledit régent

(1) V. les *Grandes chroniques de France...* publiées par M. Paulin Pàris (t. VI, p. 120).

(2) Le dauphin Charles (depuis Charles V) devenu régent en 1356, après la bataille de Poitiers et la captivité du roi Jean en Angleterre.

(3) *Motte*, petite éminence de terre. C'est dans le même sens qu'on avait surnommé, au XIII° siècle, *Motte aux Papelards* le *Terrein*, terre-plain planté d'arbres situé derrière le chevet et près du cloître de Notre-Dame, à la pointe orientale de la Cité, lieu de promenade habituel des chanoines de l'église métropolitaine.

(4) Le bois de Vincennes.

(5) Jeanne d'Evreux, veuve de Charles IV dit le Bel.

(6) *Corpus Domini*, une hostie.

(7) *Célébré*, consacré.

(8) A cause de sa proximité du moulin à vent de l'abbaye de Saint-Antoine, sur le territoire de Reuilly.

(9) *Batailles*, bataillons.

(10) *Monstruel*, Montreuil.

(11) Sauval, après avoir mentionné cette entrevue en quelques lignes (*Hist. et rech. des antiquités de Paris*, t. I, liv. VI, p. 620) ajoute : « L'accommodement se fit aux dépens du peuple, moyennant certaines grosses exactions qui seroient levées, à quoi le Regent fut obligé de consentir, forcé par le malheur du tems, et la necessité de ses affaires. »

et le roy de Navarre tenissent sans enfraindre toutes les choses dessus dites, l'evesque de Lisieux, qui présent estoit, chanta une messe audit pavillon, environ heure de nonne, et consacra deux personnes (1), en espérance que de l'une fust fait deux parties et usées par lesdis régent et roy. Et quand la messe fu chantée, lesdis régent et roy jurèrent, sur le corps-Dieu sacré que ledit évesque tenoit entre ses mains, que il teindroient et accompliroient sans enfraindre tout ce que chascun avoit promis, présens à ce dus, contes et barons tant come en povoit au devant dit pavillon, environ heure de nonnes. Et après ledit evesque brisa l'oiste (2), et en voult faire user à chascun desdis régent et roy; mais ledit roy dit que il n'estoit pas jeun (3); et pour ce ledit régent n'en prist point aussi, jasoit ce que il se feust ordené pour le recevoir. Si usa tout ledit evesque. Et, par ce, ledit roy devoit aler à Paris pour les faire mettre en l'obéissance dudit régent. Et ainsi se départirent; et s'en ala ledit régent aux Quarrières (4) et ledit roy à Saint-Denis. »

L'auteur d'*Étienne Marcel*, déjà cité, M. F. T. Perrens, rend compte en ces termes (p. 273 et suiv.) de la conférence du régent et du roi de Navarre, et du traité de paix qui s'ensuivit sous le nom de *traité de l'abbaye de Saint-Antoine :* « Il fut décidé que les deux cousins se rencontreraient, le 8 juillet, dans un pavillon, près de l'abbaye Saint-Antoine... Le régent s'y rendit avec toutes ses troupes, sans doute en vue d'intimider son rival, et rangea sur quatre « batailles » ses douze mille hommes « et plus ». Le roi de Navarre, qui n'en avait amené que huit cents, les disposa tous sur une seule, dans le puéril dessein de dissimuler sa faiblesse. Combien n'eût-il pas été plus habile de venir non comme un ennemi qui veut faire ses conditions, mais comme un ami et un parent qui marque sa confiance dans les intentions et la loyauté de celui qu'il vient trouver! Toutefois sa faute ne lui fut point nuisible, car il n'était personne avec qui le régent ne consentît à s'accorder pour mieux assurer sa vengeance contre les Parisiens... Un traité de paix fut conclu entre les deux princes. Pour mettre fin aux réclamations toujours renaissantes du roi de Navarre, il fut convenu qu'il recevrait douze mille livres (5) de rentes en terres et quatre cent mille florins à l'écu, dont dix mille (6) sur-le-champ et le reste par annuités de cinquante mille, jusqu'à l'entier payement. Ces sommes devaient être prises sur les aides que fournirait le peuple pour les dépenses de la guerre, sans que le régent fût personnellement tenu de les payer à ses frais. C'était donc, comme toujours, aux dépens des misérables que se faisaient ces arrangements. Le roi de Navarre s'engageait, en retour, à s'unir au duc de Normandie et à le servir contre tous, excepté contre le roi de France. Par là il abandonnait les Parisiens; il fit plus encore : sans avoir pris l'avis d'aucun de leurs chefs, il promit qu'ils rentreraient dans l'obéissance et

(1) *Deux personnes*, deux *Corpus Domini*, deux hosties.
(2) *L'oiste*, l'hostie.
(3) *Jeun* (du lat. *jejunus*), à jeun.
(4) *Aux Quarrières*, à Carrières-sous-Charenton.
(5) « Dix mil livres » selon les *Fais du bon roy Jehan*.
(6) « Cent mil » selon les *Fais du bon roy Jehan*.

donneraient en deux fois, huit cent mille écus d'or (dix millions d'aujourd'hui) pour la rançon du roi, si le régent leur faisait rémission de toute peine corporelle. »

1359. — Marguerite II d'Allemant, abbesse de Saint-Antoine, mourut le 28 septembre 1359, veille de la saint Michel, et fut inhumée dans l'église, d'après le nécrologe de l'abbaye et l'épitaphe de son tombeau. Drocque de Chevrel, dite aussi de Bourgoigne, fut élue abbesse à sa place.

1360. — Le 21 octobre de cette année, mourut en bas âge, à l'abbaye de Saint-Antoine, la princesse Jeanne de France, fille aînée de Charles, duc de Normandie, dauphin de Viennois, régent du royaume, depuis roi de France sous le nom de Charles V, et de Jeanne de Bourbon, duchesse de Normandie, dauphine de Viennois, depuis reine de France, qui fut inhumée dans l'église abbatiale, à droite du maître-autel, sous une tombe de marbre (1), ainsi que sa sœur, la princesse Bonne de France, morte aussi en bas âge, au Palais, le 7 novembre 1360 (2).

1364. — « Coment le corps du roy Jean (lit-on au chap. CXL, des *Fais du bon roy Jehan*) (3) *fut apporté en France en l'abbaye de Saint-Anthoine lès Paris, et de son obsèque et enterrement à Saint-Denis*. Le mercredi premier jour de mai, l'an mil trois cent soixante quatre dessusdit, le corps dudit roy Jehan qui avoit esté trespassé à Londres, comme dit est, fu apporté à Saint-Anthoine près de Paris, au soir, et y demoura le jeudi, le vendredi et le samedi ensuivant, pour appareillier et mettre à point le corps et les autres choses nécessaires pour l'obsèque. Et le dimenche, cinquiesme jour dudit moys de may après disner, fu ledit corps apporté de ladite abbaye de Saint-Anthoine en l'églyse de Nostre-Dame de Paris, etc. »

1370. — Le chapitre XXXII du règne de Charles V (4), traite *De la mort de madame Jehanne de Évreux, jadis royne de France et Navarre, et de son enterrement* et débute ainsi : « Le mardi, quart jour du moys de mars ensuivant mil trois cens soixante-dix dessus dit, mourut à Braye-Conte-Robert (5) dame de bonne mémoire madame Jehanne d'Évreux, royne de France et de Navarre, qui avoit esté femme du roy Charles de France et de Navarre, qui estoit trespassé l'an mil trois cens vingt-sept. Et fu apportée à Saint-Anthoine, près de Paris, le samedi ensuivant huitiesme jour dudit moys. Et l'endemain, jour de

---

(1) « Sub marmoreo conditorio jacet ad latus epistolæ » lit-on dans la *Gallia christiana* (t. VII, col. 903).

(2) Ces deux tombes en marbre noir, dont les épitaphes étaient gravées sur deux chapiteaux, étaient décorées de statues en marbre blanc, surmontées de dais gothiques fleurdelisés, qui furent brisées en 1793. (V. la planche IV). On lit à ce propos, au f° 23 (recto) de l'ouvrage intitulé *Les Mémoires et Recherches de la dévotion, piété et charité des illustres Roynes de France ensemble les églises, monasteres, hospitaux et colleges qu'elles ont fondez et édifiez en divers endroits de ce Royaume*, etc. par Nicolas Houel Parisien (*Paris, Iamet Mettayer*, 1586, pet. in-8) : « Les deux premières filles (de Jeanne de Bourbon) furent Mesdames Jeanne et Bonne de Frāce, lesquelles moururent en bas aage le Roy n'estant encore Roy : sont enterrées à Sainct Anthoine des Champs pres Paris, en vn tombeau de marbre blanc et noir deuant le grand autel. »

(3) T. VI, p. 230 des *Grandes chroniques de France*, publiées par M. Paulin Paris.

(4) T. VI, p. 328 des *Grandes chroniques de France*.

(5) Brie-Comte-Robert (Seine-et-Marne).

dimenche, fu apportée sur un lit à descouvert fors d'un delié cuevrechief, qu'elle avoit sur le visage, à Nostre-Dame-de-Paris, à heure de vespres. »

1372. — Drocque de Chevrel (dite de Bourgoigne), abbesse de Saint-Antoine, fit fondre en 1372, la principale cloche de l'église, avec une inscription rappelant la date de la fonte et le nom de l'abbesse donatrice (1).

1373. — En janvier et février 1373, la Seine ayant débordé « à Paris, aloit-l'en par bastiaux par la rue Saint-Denis oultre la porte, et de la porte Saint-Anthoine jusques à Saint-Anthoine, etc. (2). »

1380. — Le roi Charles V mourut au château de Beauté-sur-Marne (3), le 16 septembre 1380, à l'âge de quarante-six ans, dans la dix-septième année de son règne.

« Le Roy Charles V de ce nom, lit-on dans un extrait d'une *Chronique* de la Bibliothèque de Colbert (n° 1016) reproduite dans les *Notes sur l'histoire de Charles V écrite par Christine de Pisan*, (*Dissert. sur l'hist. de Paris*, de l'abbé Lebeuf, t. III, p. 483), trespassa lors en son Hostel de Beauté sur Marne le Dimanche XVI jour de septembre l'an M. CCC. IIII. XX. et fut porté à Saint Antoine des Champs lez Paris où il fut huit jours en attendant ses freres les Ducs d'Anjou, de Berry, de Bourgogne, et le Duc de Bourbon, frere de la Royné. »

Cet événement se trouve ainsi consigné au chap. cix du règne de Charles V (4) intitulé *Du trespassement du roy Charles-le-Quint, fils du roy Jehan* : « Le dimanche, seiziesme jour du mois de septembre l'an mil trois cent quatre-vins dessusdit, à heure de midi, trespassa en son hostel de Beauté-sur-Marne le roy de France Charles dit cinquiesme. Et le lundi ensuivant fu apporté au point du jour le corps à Saint-Antoine emprès Paris. Et là, en attendant ses frères les ducs d'Anjou, de Berry et Bourgoigne, demoura jusques au lundi ensuivant vint-quatriesme jour dudit mois, auquel jour, il fu apporté à Nostre-Dame de Paris à telle solempnité comme l'en a acoustumé à porter les roys de France. »

1381. — Drocque de Chevrel (dite de Bourgoigne), abbesse de Saint-Antoine, mourut le 19 octobre 1381, fut enterrée au chapitre et remplacée par Jeanne III du Pont qui était déjà prieure depuis plusieurs années et gouverna l'abbaye pendant quinze ans.

1396. — Jeanne III du Pont étant morte le 16 septembre 1396, Jacqueline de Chante-

---

(1) V. la *Gallia christiana*, t. VII, col. 903.

(2) P. 342 du t. VI des *Grandes chroniques de France*, chap. XLI du règne de Charles V.

(3) Le manoir ou château de Beauté, dont un moulin et une porte du bois de Vincennes rappellent seuls le nom, fut fondé par Charles V, dans le bois de Vincennes, sur le territoire de Fontenay-sous-Bois. Le duc d'Orléans, second fils de Charles V, y résida en 1389. Le roi Charles VII en fit présent à Agnès Sorel, sa maitresse, qu'on surnomma depuis la *Belle des Belles* ou *Madame de Beauté*. Charles de France, duc de Berry, frère de Louis XI, s'étant révolté contre ce roi, y logea en 1465, pendant la guerre dite de la *Ligue du bien public*, et y reçut une députation de Parisiens conduite par Albert de Rouvroy de Saint-Simon, évêque de Paris. Ce château fut habité depuis par Anne de Pisseleu, duchesse d'Étampes, maitresse de François Ier, qui le lui avait donné à l'exemple de Charles VII. Cet antique manoir abandonné, tombant en ruine, fut vendu et livré à la pioche des démolisseurs.

(4) T. VI, p. 469 des *Grandes chroniques de France*.

prime, nièce de Marguerite II d'Allemant, fut élue abbesse de Saint-Antoine, le dimanche 1ᵉʳ octobre de la même année.

1400. — Marguerite III de Chanteprime, fille de François de Chanteprime, conseiller au Parlement, et de Reinalde, sa femme, et nièce de Jacqueline de Chanteprime, fut élue abbesse en remplacement de sa tante, morte le 6 janvier 1400 et inhumée près de la sacristie (1).

(1) François de Chanteprime, frère de Jacqueline, fonda avec sa femme un *obit* ou service pour le repos de l'âme de sa sœur. (V. la *Gallia christiana*, t. VII, col. 903.)

III

CHRONIQUE DE L'ABBAYE

DE

SAINT-ANTOINE-DES-CHAMPS

(1402-1572)

ES religieuses de l'abbaye de Saint-Antoine, ayant droit de haute, moyenne et basse justice, parce que cette abbaye était d'origine noble et de fondation royale, avaient leur *justice* à Montreuil-sous-Bois, près Paris, non loin d'une ferme dite *de Saint-Antoine*, ainsi qu'en fait foi un registre d'audience de cette justice de 1402, conservé aux Archives (sect. histor. L., 1015), justificatif de l'ancienneté de possession qu'en avaient ces religieuses (1).

1412. — Le 14 juin 1412, eut lieu une grande procession des Parisiens à l'abbaye de Saint-Antoine. « Le Mardi ensuivant, le 14 jour dudit moys (de juin) ou dit an (1412), lit-on dans le *Journal de Paris sous Charles VI et VII* (édit. de 1729, p. 10), allerent ceulx de Paris en Procession à saint Anthoine des Champs, là dirent la grant Messe. »

1417. — Marguerite III de Chanteprime, abbesse de Saint-Antoine, mourut en avril 1416 (c'est-à-dire 1417) et fut inhumée sous la même tombe que sa tante Jacqueline de Chanteprime, avec cette épitaphe : *Cy gist suer Marguerite de Chanteprime, nièce de ladite Jacqueline, jadis abbesse de cette eglise, qui trespassa l'an 1416, le jeudy absolu 8 jours d'avril.*

(1) La justice de l'abbaye de Saint-Antoine-des-Champs était une des seize justices féodales ecclésiastiques de Paris qui furent abolies et réunies au Châtelet par un édit de Louis XIV du mois de février 1674.

Perrine ou Pétronille II Le Duc, dite *la Duchesse*, qui avait été sous-prieure et secrétaire, fut élue abbesse de Saint-Antoine le dimanche 2 mai 1417.

1419. — Le samedi avant le dimanche des Rameaux, 8 avril 1418 (c'est-à-dire 1419), Perrine ou Pétronille II Le Duc, abbesse de Saint-Antoine, mourut et fut enterrée près de la sacristie, sous une tombe, avec cette épitaphe : *Cy gist religieuse dame suer Perenelle, la Duchesse en son vivant souprieure et secretaire, et depuis abbesse de cette eglise, qui trespassa le samedy veille de Pasques fleuries, 8 jour du mois d'avril l'an de grace 1418. Priez Dieu pour l'ame d'elle.* Elle fut remplacée le 24 mai 1419, par Émerance (ou Émerentienne) de Calonne, d'une noble famille de l'Artois, parente de Marguerite d'Oignies, ancienne religieuse de Marquette en Flandre et ex-abbesse de Port-Royal qu'elle avait gouverné onze ans (1).

Sceau de l'abbaye de Saint-Antoine en 1422.

Sceau de l'abbesse de Saint-Antoine en 1422.

1432. — Le 3 septembre 1432, sous le règne de Charles VII, l'abbesse de Saint-Antoine (Émerance de Calonne) fut emprisonnée au Châtelet, avec quelques religieuses de cette abbaye, comme suspecte d'avoir conspiré contre le gouvernement de la ville de Paris alors au pouvoir des Anglais. « *Item*, en la fin d'Aoust (2), fut mise en prinson l'Abbesse de S. Anthoine et aucunes de ses Nonnains que on disoit qu'ils avoient esté consentans de vouloir à la faveur du nepveu de ladite Abbesse, qui ce faisoit moult amy de la cité de Paris, trahir laditte ville de Paris par la Porte saint Anthoine, et devoient premier tuer les Portiers, et après tout tuer sans rien espargner, comme il estoit après la prinse d'eulx commune renommée (3). » On lit encore à ce sujet dans Félibien (4), sous le titre

(1) Nous donnons ici une reproduction, d'après la collection sigillographique conservée aux Archives (n°s 8481 et 9258), des sceaux de l'abbaye et de l'abbesse en 1422. Celui de l'abbaye représente une vierge à l'enfant Jésus assise dans une niche gothique centrale fleurdelisée accostée de niches latérales du même style avec deux anges en adoration. Sur le sceau de l'abbesse figure une abbesse crossée tenant un missel avec cette inscription en exergue : NE DI GRA ANTHON PP. PAR (CALONNE DEI GRATIA ANTHONII. PROPE PARISIIS).

(2) Le 3 septembre, selon Félibien (*Hist. de Paris*, t. IV, p. 594) et la *Gallia christiana* (t. VII, col. 903).

(3) *Journal de Paris sous Charles VI et VII*, édit. 1729, p. 152.

(4) *Histoire de Paris*, t. IV, p. 594.

de *L'abbesse de Saint-Antoine, prisonniere au chastelet :* « An 1432. Du III septembre. Ce jour... survindrent au conseil M. Thomas Fassier, maistre des requestes de l'hostel, messire Simon Morhier, prevost de Paris (1), maistre Jehan Larchier, son lieutenant criminel, pour avoir advis et deliberation sur le contenu ès certaines informations touchans l'abesse et aucunes des religieuses de sainct Anthoine et autres, que on disoit estre consentans et coulpables d'aucunes conspirations contre la ville de Paris, *ut in registro magistri Johannis de Spina grapherii criminalis* (2). Et ce jour ladicte abbesse fut prise et mise de faict hors de la franchise (3) de son eglise, et amenée au chastelet de Paris prisonniere par ledict prevost, son lieutenant et autres examinateurs dudict chastellet (4). »

« En 1432, lit-on dans Sauval (5), le Parlement averti par Simon Mothier (6) Prévôt de Paris, qu'il ne pouvoit faire le Procès d'un certain Guyot Sixti, sans quelques Religieuses de St Antoine des Champs, lui fit savoir que ni elles ni même l'Abbesse ne devoient point jouir de la franchise annexée à leur Monastere, et lui permit de les en tirer. »

1437. — André Barthélemy, religieux de Saint-Antoine en Viennois (7), après avoir contesté les droits et privilèges de l'abbesse et des religieuses de Saint-Antoine-des-Champs, se repentit et leur demanda pardon. La rétractation se trouve consignée dans un acte reproduit d'après l'original dans l'*Histoire de Paris,* de Félibien (t. V, p. 700), intitulé : *Reconnoissance de frere André Barthelemy, religieux de S. Antoine de Viennois, en faveur de l'abbaye de saint Antoine des Champs,* et ainsi conçu : « Frere André Barthelemy, natif du Puy en Auvergne, prestre, soy disant religieux de l'ordre de S. Antoine de Viennois, demeurant à present en l'hospital de S. Antoine le petit dedans Paris, cy present, cognoit et confesse que puis six semaines en ça, luy meû de malvais coraige, contre verité et toutes bonnes mœurs, en la presence de plusieurs bonnes gens dignes de foy, a proferé les paroles qui s'ensuivent : c'est à sçavoir, que les religieuses, abbesse et convent de l'eglise monsieur Sainct Antoine des Champs lez Paris, n'estoient

---

(1) Simon Morhier, chevalier, seigneur de Villers, conseiller du roi Charles VI, fut nommé Prévôt de Paris en 1431. Après sa mort, il fut inhumé à Paris dans l'église Saint-Honoré où se voyaient sur sa tombe ses armes portant « de gueulles à la face d'or à six coquilles d'argent ». (V. p. 14 du *Catalogue des Prevosts de Paris... Paris, Fed. Morel,* 1598, in-f°.)

(2) Comme (il est dit) dans le registre de maître Jean de L'Épine, greffier criminel.

(3) *Hors de la franchise,* hors du droit d'asile.

(4) Elle fut relaxée quelque temps après et reprit le gouvernement de son abbaye où elle assista en 1437 (v. à cette date), le jour des Rameaux, à la rétractation solennelle d'André Barthélemy, moine de l'ordre de Saint-Antoine en Viennois.

(5) *Hist. et rech. des antiq. de Paris,* t. I, p. 501.

(6) Morhier.

(7) L'abbaye de Saint-Antoine en Viennois (Dauphiné), maison-mère de l'ordre religieux de Saint-Antoine et dont l'abbé était général, était dans l'origine un hôpital fondé en 1095 par Gaston, gentilhomme du Dauphiné, associé à son fils et à quelques autres gentilshommes, destiné à recevoir les malades atteints du feu ardent ou feu sacré (dit aussi feu Saint-Antoine) dans un endroit nommé jadis *La Motte Saint-Didier* ou *aux Bois* et depuis le bourg ou petite ville de *Saint-Antoine,* dans le diocèse de Vienne. Cet hôpital fut érigé en abbaye par une bulle de 1297 du pape Boniface VIII. Quelques chanoines réguliers de cette congrégation dits *Antonins* furent appelés à Paris en 1361 par le dauphin Charles (depuis Charles V) pour y soigner les pauvres atteints du feu sacré dans un couvent dit du *Petit Saint-Antoine.*

ny leur eglise fondées sous le nom dud. glorieux S. Antoine, et en tant qu'elles s'en disoient fondées, elles abusoient le monde, ne avoient puissance de faire questes, recevoir rendus (1), porter ou faire porter les enseignes de potences, clochettes et pennonceaux (2), avoir et tenir pouleries, recevoir dons, oblations, charités et aumônes au nom dudit monsieur sainct Antoine, et generalement de avoir les droits que ceux de sainct Antoine de Viennois, et outre qu'avant qu'il fust un an il bouteroit le feu aux quatre cornes et ou milieu d'icelle eglise sainct Antoine des Champs, destruiroit de touts points lesdictes religieuses, deût il mourir en la peine. Pour ce luy meû de contrition et repentance, recognoit les choses dessusdites avoir mal dit et contre verité ; et sçait certainement et veritablement le contraire ; en ce requiert mercy et pardon auxdictes religieuses, en leur priant et requerant qu'elles luy veuillent pardonner ; car il connoist et est bien adcertené qu'elles puent faire loisiblement les choses dessusdictes, et aussy amples de ce faire, que ont ceux dudit S. Antoine de Viennois. Et en tant que lesdits de S. Antoine le petit les ont troublées et empeschées et tiennent en procez pour lesdits droits, ils ont tort et malvaise cause, comme luy semble. A laquelle requeste et misericorde icelles religieuses l'ont receu, et luy ont pardonné ou cas que justice en sera contente, et que les choses dessusdittes par luy ainsy confessées, il leur en passe bonnes lettres au chastelet de Paris et ailleurs où il appartiendra, et que par icelles lettres deffenses luy soient faictes à certaines et grosses peines, que d'ores en avant par luy ne par aucuns il ne procede ne die, ou face procéder ne dire de fait ou de paroles quelque chose qui soit ou puisse estre contre ne au prejudice desdictes religieuses, de leurdicte eglise, droicts, usages, franchises et libertez ; et que il leur restituera les frais, mises et despens qu'elles ont faict en le poursuivant des choses susdictes. Ce fut faict et passé par ledict frere Andry, en ladicte eglise S. Antoine des Champs lez Paris, le Dimanche VI jour d'Avril, l'an M. CCCCXXXVII jour de Pasques Fleuris, en la presence de F. Geoffroy de Feuillans, religieux dudict S. Antoine le petit, et de reverende et honeste dame madame Emerance de Calonne, abbesse, Hélienne la Catinaude, prieuse, Marie Hagarde, secretaire, et autres religieuses d'icelle eglise, Noël Lambert, licentié en decret, Olivier de Doncart, escuyer, Jean de la Table, Destraud et le Cheron. »

1439. — Émerance de Calonne, abbesse de Saint-Antoine, administra si mal l'abbaye que l'abbé de Citeaux dut ordonner une enquête sur son gouvernement, en 1439. Elle fut accusée d'avoir vendu des joyaux et une croix provenant de l'église, et d'avoir causé par son incurie et sa négligence la désertion de cette abbaye où les bourgeois de Paris envoyaient d'ordinaire leurs filles en assez grand nombre : aussi ne renfermait-elle plus à cette époque que six religieuses, ne vivant que d'aumônes, au lieu de vingt-quatre qu'il y avait habituellement.

---

(1) *Recevoir rendus*, recevoir des *convertis :* on nommait ainsi ceux qui se faisaient religieux dans un âge avancé.

(2) *Enseignes de potences*, emblèmes de haute justice ; *clochettes*, attributs des crieurs dits aussi *clocheteurs* parce qu'ils étaient munis de clochettes ou petites cloches portatives destinées à attirer le public pour la proclamation des édits du temps ; *pennonceaux*, écussons d'armoiries.

1440. — Émerance de Calonne mourut le 4 janvier 1439 (c'est-à-dire 1440), après avoir abdiqué quelques jours avant sa mort.

Éléonore de Courceriers, prieure de Lochereaux, dans le diocèse d'Angers, fut élue abbesse en remplacement d'Émerance de Calonne; mais cette élection fut cassée comme ayant été faite sans le consentement de l'abbé de Cîteaux et parce qu'Éléonore de Courceriers appartenait à l'ordre des Bénédictines.

Le 24 janvier 1440, Marie Ire de Gouy, fille de Jean de Gouy, chevalier, seigneur de Puteaux, dans le Beauvaisis, et de Robine de Braquemont, ancienne abbesse de Villiers, dans le diocèse de Sens, fut élue abbesse de Saint-Antoine, élection qui fut confirmée par décret, le 3 août de la même année.

1459. — Le jeudi 22 février 1458 (c'est-à-dire 1459) mourut, d'après son épitaphe, Marie Ire de Gouy, abbesse de Saint-Antoine, dont la tombe se trouvait près de la porte d'entrée du chœur de l'église abbatiale.

Le 20 décembre 1459, Jeanne IV Thibout ou Thiboust, ancienne sacristine, fut élue abbesse de Saint-Antoine.

1465. — Le roi Louis XI ayant mécontenté tous les nobles, ceux-ci, pour se venger, formèrent une *Ligue* dite *du bien public*, à la tête de laquelle se mirent le duc de Bretagne, le comte de Charolais (1), le duc de Bourbon, beau-frère du roi, Charles de France, duc de Berry, frère de Louis XI, le comte de Dunois et Jean d'Anjou, duc de Calabre, fils de René, roi de Naples. Plusieurs épisodes de cette guerre concernent l'abbaye de Saint-Antoine ou ses environs. Un passage de l'*Histoire de Louys XI*, de Jean de Troyes (2), (édit. de 1723, p. 39) se rapporte à l'inviolabilité de cette abbaye, comme lieu privilégié donnant droit d'asile (3) : « Et pareillement (le mardi 30 juillet 1465), y fut aussi noyé (4), un poure ayde à Maçon qui avoit esté envoyé de Paris à Estampes, de par la femme d'un nommé maistre Odo de Bucy (5), pour porter lettres audit de Bucy, son mary, qui lors estoit Avocat au Chastellet de Paris, et qui estoit audit lieu d'Estampes avec le frere dudit Seigneur de Sainct Pol, dont il estoit serviteur, estant audit Estampes avec les autres Princes et Seigneurs estans contre le Roy, comme dit est. Et lequel ayde à Maçon rapporta responce desdittes lettres à la ditte femme de maistre Odo, qui avoit gagné par chascun jour qu'il avoit vacqué à aler audit lieu d'Estampes et retourner à Paris, par chacun jour

---

(1) Charles le Téméraire, fils du duc de Bourgogne.

(2) *Histoire de Louys XI, Roy de France et des choses memorables avenués de son Regne, depuis l'an 1460 jusques à 1483, Autrement ditte la Chronique scandaleuse escrite par Jean de Troyes greffier de l'Hostel de Ville de Paris.*

(3) Cette inviolabilité ne fut pas toujours respectée, comme on le verra plus loin (v. en 1473).

(4) Par le bourreau de Paris, dans la Seine, en face d'une tour dite *de Billy*. Cette tour, construite vers 1370, à l'extrémité orientale de l'enceinte de Charles V, était destinée à défendre l'embouchure du fossé de la Bastille et servait de poudrière. Elle fut détruite par la foudre, le 19 juillet 1538, sous François Ier. Gilles Corrozet, auteur contemporain, en rendant compte de cette explosion (f° 158, vers), de l'édit. 1561 de son ouvrage sur *Les antiquitez, chroniques et singularitez de Paris*) dit que « la tour fut embrasée et rompue par la violence du feu, de telle furie que les fondemens furent arrachez du fond de terre, et les pierres transportées par le poussement du feu, jusques à S. Anthoine des Champs, S. Victor, etc. »

(5) Ou Oudart de Bussy.

deux sols parisis. Pour lequel cas ledit ayde à Maçon, fut aussi condamné à mourir, et fut noyé au devant dit lieu (1) après les autres dessus nommez. Et le lendemain fut fait commandement à icelle femme dudit maistre Odo, de vuider hors de la ville de Paris, ce qu'elle fist et s'en ala à Sainct Anthoine des Champs hors Paris : ou depuis tousiours s'est tenuë, jusques à ce que l'appointement (2) fut fait entre le Roy et les Princes et Seigneurs qui depuis vinrent à sainct Mor, Conflans, et devant Paris. »

« Le jeudy 22 Aoust, lit-on dans cette même *Histoire de Louys XI* (p. 46), lesdits Bretons et Bourguignons vinrent escarmoucher, et il yssit (3) de Paris plusieurs gens de guerre aux champs, et là y eut un Breton archer du corps de Monsieur de Berry qui estoit habillé d'une brigadine (4) couverte de velous noir à cloux dorez, et en sa teste un bicoquet (5) garny de bouillons d'argent dorez qui vint frapper un cheval sur quoy estoit monté un homme d'armes de l'ordonnance du Roy par les flans et la cuisse, tellement que, ledit homme d'armes en s'en retournant à Paris, ledit cheval cheut sous luy tout mort dessous les galleries des Tournelles (6). Et incontinant que ledit Breton eut ainsi nauré ledit cheval, vint à luy un archer de la compagnie dudit Monsieur d'Eu, qui le traversa tout outre le corps (7) d'une demie lance, et incontinent cheut à terre tout mort, et fut son cheval amené et habillement pris pour apporter à Paris, et le corps laissé mort en chemise. Et bien tantost après vint un Herault à la porte S. Anthoine qui requist avoir ledit corps mort : ce qui luy fut octroyé, et le fist porter à S. Anthoine des champs hors Paris, où illec fut inhumé et son service fait. »

Le mardi 3 septembre fut conclue entre les deux partis une trève qui fut prolongée jusqu'aux préliminaires de la paix dont la discussion eut lieu le 27 du même mois, à l'abbaye de Saint-Antoine. Cette trève ne put mettre obstacle aux escarmouches journalières des belligérants aux portes de Paris et aux environs de l'abbaye. « Auquel jour (vendredi 20 septembre), lit-on p. 57 de l'*Histoire de Louys XI* déjà citée, le jeune Seneschal de Normandie (8) yssit hors de Paris à tout bien six cens chevaux, pour escarmoucher, et soy monstrer devant les dessusdits... Et dedans les vignes près Sainct Anthoine des Champs, furent pris bien vingt ou vingt-quatre paillars Calabriens et Bourguignons, tous nuds et mal en point, qui tous furent vendus au butin, et en donnoit-on quatre pour un escu, qui est audit prix six souls six deniers parisis la piece. » Le dimanche 22 septembre, « au poinct du jour (lit-on *ibid* p. 59), les dessusdits ennemis vinrent faire un resveil devant laditte ville du costé de laditte porte sainct Anthoine, vinrent bien grand nombre jusques audit

(1) Devant la tour de Billy.
(2) *L'appointement*, l'accord.
(3) *Yssit*, sortit : d'où dérivent *issu* (adj.) et *issue* (subst.)
(4) *Brigadine* ou plutôt *brigandine*, sorte de cotte de mailles dite aussi haubergeon.
(5) *Bicoquet*, ancienne coiffure, espèce de chaperon.
(6) Il s'agit ici du *Palais des Tournelles*, rue Saint-Antoine, fondé en 1390, par Pierre d'Orgemont, chancelier de France, et rasé en 1564, par ordre de la reine-mère Catherine de Médicis. La place Royale fut créée en 1604, sur son emplacement.
(7) *Tout outre le corps*, d'outre en outre, de part en part.
(8) Fils du seigneur de Brézé.

sainct Anthoine des champs, et pour les faire desplacer leur furent jettez d'icelle ville plusieurs traicts de canons, serpentines (1), et autre artillerie d'icelle porte sainct Anthoine et de laditte Bastille, et autre chose ny fut faitte ».

Le vendredi 27 septembre commença à l'abbaye de Saint-Antoine, entre les ambassadeurs des deux partis, la discussion des préliminaires de la paix qui se poursuivit le lendemain sans aucun résultat immédiat. « Et cedit jour Vendredi (2), lesdits Ambassadeurs ordonnez de chacun costé dinerent à sainct Anthoine des champs dehors Paris. Et là leur fut envoyé de par le Roy, pain, vin, poisson, et tout ce que mestier (3) leur estoit pour ledit disner. Et fut illec aussi porté en une charrette plusieurs des comptes rendus en la Chambre des Comptes à Paris, des pays, et villes de Champagne et Brie. Le Samedy ensuivant lesdits Ambassadeurs de costé et d'autre furent derechef assemblez en deux partis, c'est assavoir Mr du Maine et ceux de sa compagnie pour la partie du Roy, avec les autres Princes et Seigneurs, estans dehors tous en la grange aux Merciers (4). Et pour le Roy audict sainct Anthoine des champs y estoient ordonnez maistre Estienne, Chevalier trésorier de France, maistre Arnault Bouchier, et Crystofle Paillard, Conseiller des Comptes. Et les Commissaires de l'autre parti estoient Guillaume de Bische, maistre Pierre Doriolle (5), maistre Jehan Berart, maistre Jehan Compaing, un autre Licencié escumans Latin (6), et maistre Ythier Marchant, et ce jour ne firent que peu de chose. »

Ce fut près des fossés et derrière l'enclos de l'abbaye de Saint-Antoine que le roi Louis XI, ayant conclu, en septembre 1465, une trève avec les princes rebelles qui fut aussitôt violée par ceux-ci, fit élever, au carrefour de Reuilli, sur le chemin de Paris à Charenton et à Saint-Maur, une *croix* dite depuis *de la trahison*. Selon Sauval (7), l'érection de cette croix n'aurait eu lieu, par ordre de Louis XI, qu'en 1479, ainsi qu'en fait foi un compte du domaine de Paris de cette année (f° 378), ainsi conçu : « A Jehan Chevrin, Maçon, pour avoir assis, par l'ordonnance du Roi, une Croix et Epitaphe près de la Grange du Roi, au lieu où l'on appelle le fossé des trahisons, derrière St Antoine des Champs ». Du Breul raconte ainsi la découverte de cette croix en 1562 par un maître-maçon de la Ville (8) : « L'an 1562, entre les ruines d'vne Croix, qui anciennement auoit esté erigee à la croisee du chemin tendant de Paris à Charenton, au carrefour de Reully, au derriere des murs de l'Abbaye sainct Antoine des Champs, fut par le Maistre des œuures de Massonneries de l'hostel de la

---

(1) *Serpentines*, pièces de canon décorées d'une figure de serpent.

(2) *Histoire de Louys XI*, de Jean de Troyes, édit. de 1723, p. 63.

(3) *Mestier*, besoin.

(4) La Grange-aux-Merciers que Gilles Corrozet appelle « la granche aux Marchiers » était dans l'origine un bazar pour les marchands. Elle fut transformée ensuite en maison de plaisance et il s'y tint de nombreuses conférences politiques sous les règnes de Charles VI et de Louis XI. Elle fut réunie en 1625 à la seigneurie de Charenton. Elle était située à Bercy dans la rue dite de la Grange-aux-Merciers, vis-à-vis de l'extrémité orientale de la rue de Bercy, et figure sur le plan de Paris dressé par Jean de La Caille en 1714.

(5) Depuis chancelier de France.

(6) *Escumans Latin*, parlant latin.

(7) *Hist. et rech. des antiq. de Paris*, t. III, p. 436.

(8) *Théâtre des antiq. de Paris*, p. 1242.

ville de Paris, trouué vne pierre en forme de tableau, portant portion de la verge d'icelle Croix : auquel estoient escrits ces mots. *L'an M. CCCC. LXV. fut ici tenu le landict* (1) *des trahisons, et fut par vnes trefues, qui furent donnees : maudit soit-il qui en fut cause.* Lequel tableau est encores à present (2) dans les magazins de l'Hostel de ville. »

Outre cette croix, il y avait encore une pierre plate dressée en 1466 au bord d'un fossé allant de l'abbaye de Saint-Antoine à la Seine, près d'une *planchette* (ou ponceau) jetée sur ce fossé, avec une inscription commémorative de la trahison des princes, chefs de la *Ligue du bien public*, conçue à peu près dans les mêmes termes que celle de la croix citée par Du Breul : « Le vendredi, XIIIᵉ jour dudit mois de juing oudit an mil IIIIᵉ LXVI, lit-on à ce sujet dans le *Journal parisien de Jean Maupoint*, publié par M. G. Fagniez (3), fut assize une plate pierre de taille sur la douve d'ung fossé qui vient de l'ostel et monastere aux dames de l'eglise monseigneur Sainct-Anthoinne-des-Champs et tire en la riviere de Seine, par le travers duquel fossé est une planchette (4), par laquelle on passe pour aler de Paris à Sainct-Mor, par derriere ledit hostel et monastere de Sainct-Anthoinne-des-Champs. Et laquelle platte pierre fut assize assez près de laditte planchette, et en laquelle platte pierre estoit engravé et tres bien escript en grosse lettre ce qui s'ensuit : « L'an mil CCCC soixante cinq ou mois de septembre, fut cy tenu le lendit des traisons et fut par une treve que on print. Mauldit soit il qui en fut cause! » Qui planta ladite pierre on ne scet, le roy estant à Orleans comme on disoit et environ Chartres (5). »

Le mardi 1ᵉʳ octobre, selon l'*Histoire de Louys XI* déjà citée (6) « fut criée la treve à tousiours entre le Roy et lesdits Princes, et le lendemain Mʳ de sainct Pol vint à Paris et disna ce jour avec le Roy, et ala en la salle dudit Paris, et là à la table de marbre fut crée Connestable de France, et fist le serment en tel cas accoustumé de faire (7). Et ce jour fut crié à Paris de par le Roy, que chascun portast des vivres et autres choses pour avitailler, et revestir lesdits Bourguignons et Bretons, laquelle chose fust faite. Et incontinant que ledit cry fut fait plusieurs Marchans de Paris y porterent grand foison de vivres aux champs devant sainct Anthoine, lesquels vivres y furent incontinent bien recueillis par lesdits de l'ost (8) qui y vinrent de toutes parts, et achetoient iceux ce que on leur faisoit

(1) *Le landict,* la foire.

(2) 1612.

(3) *Mémoires de la société de l'histoire de Paris,* etc., t. IV, p. 102.

(4) La rue de Charenton s'est appelée jadis *de la Planchette,* de la petite rue de Reuilly (rue Érard) à la rue Montgallet, très probablement en souvenir de cette *planchette* (ou ponceau).

(5) Les deux monuments commémoratifs en question se trouvent représentés dans un dessin à la plume sur parchemin conservé aux Archives (sect. topogr. IIIᵉ cl., nᵒ 730) où figure une vue générale à vol d'oiseau de l'abbaye de Saint-Antoine-des-Champs, en 1491, dessin déjà décrit dans la partie topographique du présent ouvrage et dont nous donnons une réduction par la photogravure dans la planche Iʳᵉ.

(6) *Histoire de Louys XI, Roy de France,* par Jean de Troyes, p. 66.

(7) « Et cedit jour, le roy estant à Paris en la grant sale du Palais, devant la table de marbre, ledit conestable feist au roys les sermens de loiaulté et services acoustumés d'estre fais par connestables aus rois de France, et receut l'espée de France de la main du roy, puis le baisa en la bouche. » (P. 82 du *Journal Parisien de Jean Maupoint,* publ. par G. Fagniez au t. IV des *Mémoires de la Soc. de l'Hist. de Paris.*)

(8) *De l'ost* (du lat. *hostis*), de l'ennemi.

par especial pain et vin : car lesdits de l'ost estoient tant affamez, les jouës veluës et si pendans de maleureté qu'ils avoient longuement enduré que plus n'en pouvoient, et la pluspart estoient sans chausses et soulliers, plains de poulx et d'ordure. Et entre autres vinrent et arriverent ausdits vivres, plusieurs Lifrelofres (1), Calabriens et Suisses, qui avoient telle rage de faim aux dents, qu'ils prenoient fromages sans peler, et mordoient à mesmes, et puis beuvoient de grans et merveilleux traits en beaux pots de terre. Et Dieu scet en quelles nopces ils estoient, mais ils ne leur estoient pas franches, pour ce qu'ils payerent bien leur escot. »

Ce même événement se trouve ainsi décrit dans le *Journal parisien de Jean Maupoint, prieur de Sainte-Catherine de la Couture*, publié par G. Fagniez (2) : « Le mardi ensuivant, que fut le mardi premier jour du mois d'octobre audit an mil IIIIe LX cinq, par monseigneur Tristam l'Ermitte (3), chevalier, prevost de messeigneurs les mareschaulz de France, furent criées et publiées parmi Paris treugues (4) à tous jours entre le roy nostre sire et les dessusdiz seigneurs du sang... Ce dit jour de mardi, mercredi et jeudi ensuivant, par le congé et ordonnance du roy et de nosseigneurs de son conseil, aulcuns des marchans de la ville de Paris, soubz esperance et cuidant gangnier avec lesdiz Bretons et Bourguignons, feirent porter et porterent jusques vers l'eglise et abbaye de Saint-Anthoine-des-Champs près de Paris, plusieurs de leurs marchandises, especialement pain cuit, vin en gros, draps en gros, chausses, soulers et aultres telles denrées necessaires pour vivre et vesture de homme, desquelles lesdiz Bretons et Bourguignons et tous leurs aliés, lors estans devant Paris et contraires du roy et de Paris, avoient eue et avoient tres grant necessité. Les aulcuns desdiz marchans gangnierent et les autres perdirent de leurs denrées, lesquelles leur feurent emblées (5). »

1473. — « En 1473, Emeri Rousseau, après avoir tué Jean Valleret, et s'étant sauvé dans St Antoine des Champs, fit appeller à la Cour les Sergens qui l'avoient pris-là. Mais bien loin d'obtenir ce qu'il esperoit, on lui fit son procès et il fut condamné à mort (6). »

1497. — Jeanne IV Thibout ou Thiboust, abbesse de Saint-Antoine, mourut le 1er décembre 1497, fut enterrée devant l'autel de Saint-Fiacre, près de la porte d'entrée du chœur de l'église, et fut remplacée par Martine Baillet, ancienne prieure de l'abbaye.

1502. — Martine Baillet, abbesse de Saint-Antoine, mourut le 7 juin 1502 et fut inhumée en dehors et non loin de la porte du chœur de l'église, avec une épitaphe rappelant qu'elle avait gouverné l'abbaye pendant quatre ans et demi. Isabelle Simon, ancienne prieure de Saint-Antoine, fut élue abbesse à sa place et gouverna pendant vingt-trois ans.

---

(1) *Lifrelofres*, Allemands (dérivé de *philosophe*).

(2) *Mémoires de la Soc. de l'hist. de Paris*, t. IV, p. 81.

(3) L. Tristan l'Ermite était grand prévôt du roi Louis XI qui l'avait surnommé son *compère* et le chargeait d'ordinaire de l'exécution de ses vengeances.

(4) *Treugues* (de *tregas*) trêves. Cette trêve fut prolongée jusqu'à la signature du traité de paix qui eut lieu le 27 octobre à Conflans-les-Carrières, au confluent de la Marne et de la Seine, bientôt suivie de celle du traité de Saint-Maur, le 29 du même mois : ces deux traités mirent fin à la guerre de la *Ligue du Bien public*.

(5) *Emblées*, enlevées, dérobées.

(6) Sauval (*Hist. et rech. des antiq. de Paris*, t. I, p. 503).

1525. — Isabelle Simon, abbesse de Saint-Antoine, étant morte en 1525, fut enterrée dans l'aile des bâtiments de l'abbaye dite *des oratoires*, à côté du cloître, sous une tombe, avec une épitaphe. Jeanne V de Longuejoue, de Paris, nièce de Martine Baillet, ancienne abbesse, fut élue abbesse à sa place et gouverna dix-sept ans. Le scandale survenu sous son gouvernement nécessita la réforme de l'abbaye.

1538. — Félibien enregistre, dans ses *Preuves et pièces justificatives* (1), un arrêt du Parlement de 1538, pour la réformation de l'abbaye de Saint-Antoine, ainsi conçu : « Du XIII avril. Ce jour sont venus en la cour l'abbé de Chaalis et le coadjuteur du Grand-Pré en Lorraine, proviseur du college de S. Bernard; auquel abbé de Chaalis pour ce mandé ladicte cour après avoir faict certaines remonstrances de la suspicion de difformation (2) qui est au monastere sainct Antoine des Champs lez Paris, duquel ledict abbé est superieur, icelle cour a enjoinct soy transporter Lundy prochain, avec ledict proviseur et quelques autres notables personnages de religion, audict monastere S. Antoine, iceluy visiter, s'enquerir et reformer la difformation, et faire statuts tels qu'il verra estre necessaires pour le bien et entretenement de la reformation ».

1539 (1540). — Le jeudi 1er janvier 1539 (1540, en nouveau style) eut lieu l'entrée solennelle à Paris de l'empereur Charles-Quint. Un récit contemporain (3) renferme des détails fort curieux sur la pompeuse réception qui lui fut faite à l'abbaye de Saint-Antoine : « Après que la sacrée Magesté Impérialle, Charles cinquiesme de ce nom, tousjours auguste, eut esté en grand honneur festoyé par le Roy de France (4) à Fontainebleau, et qu'il eut esté aulcuns jours au chasteau du boys de Vincennes, où on luy fist toute la bonne chère qu'il est possible de faire, le jeudi, premier jour de janvier l'an mil cinq cens trente neuf (1540), il partit dudict chastel de Vincennes, entre huit et neuf heures du matin, avec le Roy, nostre sire, messeigneurs le Daulphin (5) et le duc d'Orléans ses enffans, les princes, seigneurs et officiers de leurs hostelz, et vindrent descendre à Saint Anthoine des Champs lez Paris. Auquel lieu on luy avoit dressé ung corps d'hostel ou estoit une salle tapissée de drap d'or et d'argent et aornée par hault des aigles impérialles.

« A son arrivée furent tirez plus de trois cens coups d'artillerie, qui estoit assize tant sur le chasteau de la Bastille que sur les murs de ladicte ville de cousté et d'aultre, qui faisoit bon ouyr aux champs à cause du retentissement.

« Estant l'Empereur en ceste salle, le prévoust des marchans (6), acompaigné des

---

(1) *Histoire de Paris*, t. IV, p. 694.

(2) *Difformation*, dérèglement.

(3) *L'ordre tenu et gardé a Lentree du treshault et trespuissant prince Charles, Empereur, tousjours auguste, en la ville de Paris, capitalle du royaulme de France. L'ordre du banquet faict au Palais; Lordonnance des joustes et tournoys faictz au chateau du Louvre; La description des arcz triomphans, magnificences... faictz en icelle ville ... M. DXXXIX. On les vend... es boutiques de Gilles Corrozet et Jehan du Pre (à Paris)*, in-8° goth, de 19 ff. non chiffrés. (Bibl. nation. Réserve). Cette plaquette se trouve reproduite en entier dans la *Cronique du roy Françoys premier de ce nom*, publ. par Georges Guiffrey (*Paris, veuve Jules Renouard.* 1860, in-8°) p. 291 et suiv.

(4) François Ier.

(5) Depuis Henri II.

(6) Augustin De Thou, conseiller du roi, élu Prévôt des marchands en août 1538.

quatre eschevins d'icelle ville de Paris, luy vinrent faire une harangue et oraison élégante et succincte, et luy présenta les clefz d'icelle ville avec grand honneur et révérance, comme il est de costume faire.

« Vindrent aussi messieurs de l'Université, messieurs de la justice, tant du Chastellet que du Parlement et aultres estatz et magistratz, lesquelz firent leurs oraisons et harangues audict Empereur, qui les escouta et receut humainement, rendant responce qui contentoit tous les auditeurs.

« Ce faict, retournèrent vers la ville tous les dessus-dictz, entre deux et troys heures après midy, et au départit dudict lieu fut de rechef tirée toute l'artillerie, mesmement quant l'Empereur monta à cheval, laquelle fist un grand bruict et tempeste, tant sur les champs que sur la rivière de Seine, et dura la batterie une heure. »

Une relation détaillée de la réception faite à Charles-Quint, à l'abbaye de Saint-Antoine, à l'occasion de son entrée à Paris, se trouve dans Félibien (1), sous le titre d'*Entrée de l'empereur Charles V* à Paris. Elle est ainsi conçue :

« Du jeudy I jour de janvier M. D. XXXIX (nouveau stile M. D. XL) (2)... Ce jourd'huy s'est assemblée la court au palais environ midy, pour aller au-devant de l'empereur Charles V, lequel passoit en ce royaume pour aller en ses pays bas; et avoit le roy commandé luy estre faict entrée en cette ville de Paris tout et ainsy que à sa propre personne, et le semblable avoit esté faict par touttes les villes de l'obéissance dud. seigneur estans sur le chemin qu'avoit tenu led. empereur. Estoit plus de deux heures après midy quand messieurs sont partis dudict pallais les derniers de tous ceux qui alloient au-devant dudict empereur. Estoient vestus et sont allés à cheval en l'ordre accoustumé : c'est assavoir les huissiers les premiers, tenans chacun leur verge. Après eux les quatre notaires deux à deux (3), et les greffiers des presentations et criminel ensemble, vestus lesdicts greffiers et notaires de robbes et chapperons d'escarlatte fourrés. Après eux moy (4) seul vestu de robbe et epitoge d'escarlatte, ledict epitoge fourré de menu vair (5). Le premier huissier après vestu de robbe d'escarlatte, ayant sur sa teste son bonnet fourré et sa verge en sa main. Messieurs les presidens deux à deux vestus de robbes et manteaux d'escarlatte, lesdicts manteaulx fourrés de menu vair, et portans leurs chappeaux de velours bordé d'or. Les conseillers deux à deux selon leur ordre; et après eux les advocats (6) et procureur general

---

(1) *Histoire de Paris*, t. IV, p. 699 et suiv.

(2) Cette date est suivie d'une liste interminable que nous n'avons pas jugé à propos de reproduire où sont énumérés nominativement les principaux personnages chargés de se rendre en grand cortège à l'abbaye de Saint-Antoine, au-devant de l'empereur Charles-Quint. En tête de cette liste figure le nom de P. Lizet, premier président du Parlement de Paris sous François Ier (1529-1550).

(3) J. de Veignolles, M. Berruyer, O. Lormyer et P. du Vandel.

(4) *Moy*, l'auteur. Quel peut être le chroniqueur de cette entrée solennelle ? Nous ne saurions le dire au juste, mais la description seule de son costume officiel qui suit dans le texte prouve qu'il remplissait à coup sûr une des plus hautes fonctions de la magistrature.

(5) *Epitoge fourré de menu vair*, chaperon fourré de petit-gris.

(6) P. Raymond et J. Cappel.

du roy (1), tous vestus de robbes d'escarlate et chaperons de mesme fourrés de menus vair. Puis les advocats de ladicte cour honnestement vestus selon leur estat, ayans leurs chaperons à bourlet; et estoient lesdicts advocats et procureurs en bon nombre. En cest ordre est allée ladicte court depuis ledict pallais, passant sur le pont Nostre-Dame, jusques à S. Anthoine des Champs lez Paris, auquel lieu avoit esté dressé un corps d'hostel, où estoit une grande salle tapissée de drap d'or et d'argent, en laquelle estoit ledict empereur, vestu de drap noir pour le dueil de l'imperatrice, n'agueres decedée (2), et portoit son petit ordre de la toison; estoit accompagné de messieurs le dauphin et duc d'Orleans enfans du roy, des ducs de Vendosme, de Guise, de Nevers, d'Albe, conestable et chancellier de France et plusieurs autres grands seigneurs, tant de la suite et maison dudict empereur, que de celle du roy. Et là sont descendus mesdicts seigneurs les presidents, aucuns des plus anciens conseillers, le premier huissier et moy; le reste de ladicte cour est demourée à cheval. Et sont ceux qui estoient descendus, montez en ladicte salle où estoit ledict empereur. Et après la reverence à luy faicte, M. le premier president a proposé élegamment à l'honneur de sa majesté, loüant l'union, amitié et paix d'entre le roy et luy, dont deppendoit le repos, bien et accroissement universel de la Chrestienté à la confusion des infidèles; et ne usa pour son propos d'autres exemples ou auctorités que de l'Escripture saincte. Pour sa conclusion luy dict que ladicte court de parlement qui estoit la justice souveraine du roy, par commandement dudict seigneur luy venoit auderant faire la reverence et offrir service, le suppliant très-humblement l'avoir en sa bonne grace. Et combien que ledict empereur eust avec luy le seigneur de Granvelle son garde de scels, et le chancellier de France (3) qui s'estoit offert de faire le debvoir de son office comme à la personne du roy, qui lui avoit commandé ainsi le faire, il voulut respondre par sa bouche, et dict au premier president, qu'il desiroit que les vertus qu'il luy avoit attribuées fussent en luy; le zele et conservation de la paix avec le roy ne luy faudroit; qu'il avoit grand plaisir de voir sy belle compagnie de gens de justice; la mercioit de ce qu'elle avoit faict pour luy, et s'offroit à faire plaisir à tous ceux d'icelle. Ce faict en tel ordre que ladicte cour est venue s'en est retournée; et estant dedans ladicte ville chacun s'en est retourné selon son opportunité; car la presse et multitude estoit la plus grande qui ait esté veüe audict Paris de memoire d'homme, non-seulement par ladicte ville, mais parmy les champs depuis ledict S. Anthoine des Champs jusques à la porte de ladicte ville, par laquelle ledict empereur entra tost après. »

Une autre version circonstanciée de l'entrée de Charles-Quint à Paris, se trouve dans Félibien (4). On y lit, au sujet de la réception de cet empereur à l'abbaye de Saint-Antoine : « Et quand monsieur le prevost des marchands de Thou, chef de ladicte ville, fut arrivé à S. Anthoine des Champs avec messieurs les eschevins et aultres officiers du corps d'icelle cy-dessus nommez, descendirent à terre, et entrerent en une maison de bois

(1) N. Thibault.
(2) Isabelle, fille d'Emmanuel dit *le Grand*, roi de Portugal, qu'il avait épousée en 1526.
(3) Guillaume Poyet, baron de Beinne, chancelier de France, de 1538 à 1544.
(4) *Histoire de Paris*, t. V, p. 354 et suiv.

toute verinée (1) à l'entour, que le roy nostredict seigneur a faict faire audict lieu de S. Anthoine des Champs, où illec trouverent l'empereur accompagné de messeigneurs les enfans du roy, et avoit à son costé dextre monseigneur le connestable (2), et à son coste senestre monseigneur le chancellier de France. Et luy fut par mondict sieur le prevost des marchands faict une belle harangue et congratulation, en luy presentant les clefs de ladicte ville; lesquelles il prist et bailla à un archer, qui les rendit à messieurs les eschevins d'icelle. Et fit ledict empereur sa response par la bouche de mondict seigneur le connestable, disant qu'il remercioit la ville, et qu'on luy faisoit trop d'honneur. »

Le passage suivant d'un poëme de René Macé sur le voyage de Charles-Quint en France (3), se rapporte au séjour que fit cet empereur à l'abbaye de Saint-Antoine, avant son entrée solennelle dans Paris :

> . . . . . . L'Empereur au surplus,
> Au fin matin que la nuyct desja moindre
> Cedoit au jour lors s'avançant de poindre,
> Va disner dens Sainct Anthoyne des Champs,
> Ou vers luy fut le Prevost des marchans
> Et aussi tous les estatz de la ville.
> On avoit faict d'antique moult gentille
> Ung corps d'hostel sur le chemin : leans (4)
> Disna Monsieur et le duc d'Orleans
> Avecque luy et mainte baronnie,
> Car il se aymoit moult estre en compaignie.

1542. — Jeanne V de Longuejoue, abbesse de Saint-Antoine, mourut le 21 juin 1542, fut inhumée avec une épitaphe dans l'aile des bâtiments de l'abbaye dite *des oratoires* et fut remplacée par Marguerite IV de Vaudetar, de la famille des seigneurs de Persan, qui avait exercé dans l'abbaye les fonctions de trésorière et de cellerière.

1544. — Des désordres s'étant produits dans l'abbaye de Saint-Antoine, le procureur général du roi, à la requête de son substitut au Châtelet, fit informer à ce sujet par un commissaire. Ce fut sur son rapport, où se trouvait consigné le résultat de ses informations, qu'il fut décidé, par arrêt du Parlement, du 26 août 1544, que l'abbé de Fromont (*aliàs* Froidmont) ou son vicaire, un religieux de l'ordre de Citeaux et les prieurs des Célestins, des Chartreux et de Saint-Martin-des-Champs, se transporteraient à l'abbaye de Saint-Antoine-des-Champs pour la visiter, s'enquérir des fautes commises contre l'observance régulière, et ordonner tout ce qu'ils croiraient nécessaire pour rétablir l'ordre et la

---

(1) *Verinée*, pour *verrinée*, vitrée.
(2) Anne Baron, fils aîné de Guillaume de Montmorency, duc de Montmorency et pair de France, comte de Beaumont et de Dammartin, chevalier de l'ordre de Saint-Michel et gouverneur de Languedoc, élu connétable et grand maître de France en 1537.
(3) *Voyage de Charles-Quint par la France, poëme historique de René Macé, publié avec introduction, notes et variantes, par Gaston Raynaud. Paris, Alph. Picard. 1879, in-8° de XXXVI-93 p.*
(4) *Leans*, là dedans.

discipline monastique dans cette abbaye. « Du XXVI aoust *post prandium*, lit-on dans Félibien (1), au conseil en la grand chambre où estoient messieurs au nombre de 49, sur la requeste verballement faicte par le procureur general du roy, exposant à icelle le desordre ou difformation et laps d'observance reguliere ou monastere des relligieuses S. Anthoine des Champs près Paris, duquel il disoit apparoit bien amplement par instructions sur ce faictes par un des commissaires du chastelet, à la requeste de son substitut oudict chastelet, tendante à ce que par ordonnance de la court fust procedé par ceux qui ont la visitation et correction dudict monastere, à la refformation d'icelluy monastere, tant en chef que en membres; LADICTE COUR après avoir veu les charges et informations qui ont esté mises par devers elle par ledict procureur general, ayant regard à la requeste par luy faicte, a ordonné et ordonne que l'abbé de Fromont ou son vicaire, appellez avec eux un bon notable relligieux de l'ordre de Cisteaulx, et les prieurs des Celestins et des Chartreux et S. Martin des Champs, ou deux d'iceulx, se transporteront audict monastere, pour icelluy visiter, eux enquerir des faultes et malversations contre l'observance regulliere tant en chef que en membres, et pour l'establissement de ladicte refformation faire tels statuts et ordonnantes qu'ils verront estre pour ce requis et necessaires, lesquels seront executés par provision, non-obstant oppositions ou appellations quelconques, et sans prejudice d'icelles; et à ce faire, et impartissant par ledict commissaire d'icelle court l'aide du bras seculier, s'il est de besoin et requis en est, seront lesdictes abbesse, relligieuses et autres personnes qui pour ce seront à contraindre, par toutes voyes et manieres deües et raisonnables, mesme par prinse et detention des personnes, quant aux relligieuses desquelles la translation seroit ordonnée par lesdicts peres refforteurs (2), le tout non-obstant, etc (3). »

15.47. — Le jeudi 23 juin 1547, vu la continuation des désordres dans l'abbaye de Saint-Antoine, la cour ordonna, sur le rapport du procureur général du roi, que Guillaume

(1) *Histoire de Paris*, t. IV, p. 708.

(2) *Refforteurs*, réformateurs.

(3)   N'y a il rien pour les pourceaux S. Antoine,
                                     Chambrieres regardez y.

Lit-on dans un petit poème anonyme de 1545, intitulé : *Les cent et sept cris que l'on crie journellement à Paris, composé en rhimme françoise pour résiouir les esperits (Paris*, 1545, in-8). Il s'agit ici de pourceaux qui jouissaient seuls du privilège de vaguer dans les rues de Paris. Le 2 octobre 1131 le jeune roi Philippe, fils aîné de Louis VI, dit le Gros, qui se l'était associé et l'avait fait sacrer à Reims, mourut d'une chute de cheval causée par un pourceau qui était venu se jeter dans les jambes de sa monture, rue du Martroi, près de Saint-Gervais. « Il fut alors défendu, dit Saint-Foix (t. I, p. 175 de ses *Essais historiques sur Paris*) de laisser vaguer des pourceaux dans les rues. Dans la suite ceux de l'abbaye S. Antoine furent privilégiés, les Religieuses ayant représenté que ce seroit manquer à leur Patron que de ne pas excepter ses cochons de la règle générale. » Selon Dulaure (*Hist. de Paris*, t. III, p. 615) il s'agirait plutôt des pourceaux des religieux de Saint-Antoine dont le couvent, dit *Petit-Saint-Antoine*, était situé dans l'intérieur de Paris. « Il était permis aux religieux du Petit-Saint-Antoine de laisser vaguer leurs pourceaux par les rues » certifie M. Édouard Fournier dans une note de l'opuscule intitulé *Les essais de Mathurine*, réimprimé à la suite des *Caquets de l'accouchée* (p. 270 de l'édit. *P. Jannet*), ouvrage où se trouve signalé un parasite allant « de porte en porte comme le pourceau de sainct Anthoine ». L'éloignement de Paris de l'abbaye de Saint-Antoine-des-Champs justifie, l'assertion de Dulaure confirmée par M. Éd. Fournier. Un dernier détail caractéristique : les pourceaux en question limités au nombre de douze, devaient porter au cou une sonnette marquée au T de saint Antoine destinée à les faire reconnaitre et à avertir de leur présence.

Bourgoing, conseiller de cette cour, se transporterait dans l'abbaye et ferait diligence pour informer sur les abus, dérèglements et scandales survenus dans ce monastère. La cour se réservait en outre, une fois l'instruction terminée, rapportée et examinée, de pourvoir au surplus de l'enquête. Elle enjoignit néanmoins à l'abbé de Clairvaux, alors à Paris, de procéder à la réformation de l'abbaye. Celui-ci se récusa, alléguant qu'il n'était pas supérieur de l'abbaye de Saint-Antoine et que cet office incombait plutôt à l'abbé de Cîteaux. « Du Lundy V jour de Septembre, lit-on à ce sujet dans Félibien (1), la cour deuëment advertie du grand scandalle et desordre commis par cy-derant et qui se commet journellement en l'abbaye de S. Anthoine des Champs, et que les abbez de Clervaux et de Fromont ont esté commis par ladicte cour pour reformer ladicte abbaye, ce qu'ils n'ont encore faict, et oy sur ce le procureur general du roy; A ORDONNÉ que commandement sera faict ausdicts abbez de Clervaux et de Fromont de venir en cette ville de Paris dedans quinzaine, pour proceder à ladicte reformation suivant l'arrest d'icelle, et ce sur peine de saisissement de leur temporel.

« L'abbé de Clervaux dit qu'il n'estoit pas superieur de S. Antoine; que c'estoit l'abbé de Cisteaux, dont l'abbé de Fromont estoit vicaire. Par arrest du 22 Septembre 1547, il lui fut ordonné de vacquer à ladicte reformation avec l'abbé de Fromont.

« Et la chambre des vacations ordonna, par arrest du 23 Octobre, que les reglemens par eux faicts seroient observez. »

(1) *Histoire de Paris*, t. IV, p. 733.

IV

CHRONIQUE DE L'ABBAYE

DE

SAINT-ANTOINE-DES-CHAMPS

(1572-1652)

ARGUERITE IV de Vaudetar, abbesse de Saint-Antoine, mourut le dimanche 31 août 1572, après trente ans de gouvernement, et fut inhumée dans le chœur de l'église abbatiale, près de la grille, avec une épitaphe. Anne de Thou, fille d'Auguste de Bonœil, président à mortier au Parlement de Paris, et de Claudine de Marle, sœur de Christophe, président à ce même Parlement, et de Nicolas, évêque de Chartres, qui succéda à Marguerite IV, fut la première abbesse élue par brevet royal, par suite du retrait du droit d'élection aux religieuses de l'abbaye de Saint-Antoine.

1573. — Le duc d'Anjou, fils de Henri II et de Catherine de Médicis et frère de Charles IX, fut élu roi de Pologne après la mort de Sigismond II. Dès qu'il eut appris son élection, par l'entremise de Jean de Montluc, évêque de Valence, il quitta précipitamment le siège de La Rochelle, et vint faire son entrée solennelle à Paris où l'attendaient les ambassadeurs de Pologne chargés de venir chercher leur nouveau roi. Les nombreux arcs de triomphe élevés dans Paris, à cette occasion, furent décorés de peintures par Antoine Caron, de statues par Germain Pilon et d'inscriptions en vers, latines ou françaises, à la louange du roi qui venait d'être élu, par Dorat. Une relation détaillée de cet événement historique se trouve dans Félibien (1) sous le titre d'*Entrée solemnelle du roy de Pologne à Paris*. Nous en détachons ici le passage qui concerne plus particulièrement la réception du roi de Pologne (depuis roi de France sous le nom de Henri III) à l'abbaye de Saint-Antoine : « Et estans les choses parvenues à chef et effect le Lundy XIV jour dudict mois de Septembre oudict an (1573) mesdicts sieurs les P. des M. E. procureur, greffier, receveur, conseillers, quarteniers, bourgeois et tous les estats de ladicte ville, chacun en son rang et ordre, partirent de l'hostel de ladicte ville environ unze heures du matin, et allerent à cheval à S. Anthoine des Champs environ l'heure d'entre deux et trois heures aprez midy, marchans, à sçavoir ledict sieur prevost (2) seul, et lesdicts sieurs eschevins et compagnie susdicte deux à deux ; ledict sieur prevost avec robbe my-partie de velours rouge cramoisy et tanné (3) et saye (4) de satin cramoisy rouge, son mullet enharnaché de velours noir et franges d'or ; et lesdicts sieurs eschevins, greffier et receveur en robbes aussi de velours rouge cramoisy et tanné my-parties, ledict procureur du roy et de la ville, robbe de velours toute de couleur rouge, et lesdicts conseillers robbes de satin noir, lesd. quarteniers robbes de damas noir.

« Auquel lieu de S. Antoine des Champs ils trouverent ledict roy de Polongne, lequel y avoit disné en une grande salle de bois que ladicte ville y avoit faict faire et preparer audict lieu de S. Anthoine des Champs aux despens d'icelle ville, ayant douze toises de long dans œuvre, sur quatre toises de large aussi dans œuvre, et de quatre toises de hault ou environ, à prendre depuis le dessoubs des sablieres (5) de platte-forme par terre, jusques au-dessus des sablieres d'entablement, en laquelle l'on montoit et descendoit par escalliers, le tout de bois (6). Et estoit ladicte salle toute fermée de verre, et enrichie de tapisserie d'or et de soye, tapis de drap d'or, lierre et aultres ornemens exquis, avec plusieurs inscriptions faictes à la louange de leurs majestez et devises.

« En laquelle salle ledict sieur roy de Polongne estoit accompagné de monsieur le duc, du roy de Navarre, prince de Condé, monsieur de Montpensier, prince daulphin, duc de Guise, du Maine, d'Aumalle, marquis d'Elbœuf, grand escuyer portant l'épée royale du roy de France, messieurs de Lanssac et de Chavigny cappitaines de deux cents gentils-hommes de la maison du roy et plusieurs autres seigneurs, les ambassadeurs du pape, du

(1) *Histoire de Paris*, t. V, p. 429 et suiv. V. aussi sur cette entrée une description manuscrite du temps très détaillée (de 87 p. in-4°) conservée à la Biblioth. nationale (manuscr. fonds Ant. Lancelot, n° 5,102) sous le titre d'*Entree du Roy de Pologne en ceste ville de Paris*. Une copie de la relation de Félibien intitulée *Entrée à Paris de Henry duc d'Anjou, après qu'il fut eslu roi de Pologne* (Extr. des registres de l'Hôtel de ville f° 65 à 103 et du vol. n° 140 de la collect. Colbert conservée à la Biblioth. nationale) se trouve insérée dans l'ouvrage suivant : *La renaissance des arts à la cour de France… Additions au tome premier. Peinture*, par le comte de Laborde. Paris. L. Potier, 1855, in-8° (pp. 791 à 826).

(2) Le président Charron, élu Prévôt des marchands, en 1572, et réélu en 1574.

(3) *Tanné*, couleur du tan.

(4) *Saye* (du lat. *sagum*) sayon, justaucorps, habit court.

(5) La *sablière* est une pièce de charpente posée horizontalement et dans le même plan que le pan de bois de façade.

(6) « En une salle construite de neuf toises, eslevée de douze marches ou environ, près et joignant le couvent des religieuses de S. Antoine », lit-on encore dans Félibien (*Hist. de Paris*, t. III, p. 718).

roy d'Espagne, d'Escosse et de Venise ; estant ledict roy assis dans une chaise, et des deux costez lesdicts sieurs duc d'Alençon son frere et roy de Navarre, et derriere la chaise M. de Birague chancellier de France, et monsieur Hurault sieur de Chiverny, chancellier dudict sieur roy de Polongne.

« Auquel sieur roy de Polongne se presenterent premierement le recteur et supposts de l'université, lequel recteur feit une harangue et congratulation audict sieur roy. Puis M. le president le Charron P. des M. et E. de la ville de Paris, assisté desdicts sieurs eschevins, procureur, greffier et receveur, conseillers de ladicte ville, quarteniers, bourgeois et de tous les estacts de ladicte ville; lequel sieur prevost salua aussi ledict roy de Polongne, et luy fist la harangue et congratulation au nom commung de tous lesdicts estats de la ville. Aprez monsieur Seguier lieutenant civil, le capitaine des enfans de Paris, puis la court des generaulx des monnoyes, la cour des aydes, la chambre des comptes et la cour de parlement. A toutes les harangues desquels led. roy de Polongne fist luy-mesme response fort à propos sur chacun poinct qu'ils avoient touché. »

1574. — Le roi Charles IX mourut au château de Vincennes, le 30 mai 1574, jour de la Pentecôte. Son corps ayant été embaumé dans un cercueil de plomb, ses funérailles n'eurent lieu qu'au mois de juillet. Il fut porté à l'abbaye de Saint-Antoine le samedi 10 juillet et y fut exposé, ainsi que son effigie, jusqu'au lendemain, jour de la levée du corps. Nous extrayons ici d'une relation contemporaine intitulée *Convoy et obseques du roy Charles IX* reproduite par Félibien (1) le passage le plus intéressant pour l'histoire de notre abbaye : « Du Dimanche XI Juillet. La cour est partie à cheval en l'ordre accoustumé pour aller au convoy et obseques du feu roy Charles IX decedé au chasteau de Vincennes le jour de Pentecoste XXX May dernier passé... La cour alla jusqu'à l'abbaye de S. Antoine des Champs, où le jour precedent on avoit apporté le corps et l'effigie du feu roy. Le corps estoit separé de l'effigie, laquelle estoit dans une petite chapelle sur le grand chemin (2). » Le même auteur réimprime (3), sous le titre d'*Obseques et pompe funebre du roy Charles IX*, une autre version du temps où se trouve consigné ce détail des cérémonies qui furent observées à cette occasion à l'abbaye de Saint-Antoine : « Et le onziesme Juillet suivant, estant mesdicts seigneurs (4) assemblez en ladicte chambre (5) environ onze ou douze heures, seroient allez à saint Antoine des Champs lez Paris, où estans, et descendus de leurs montures, après avoir fait la reverence à sa majesté luy auroient donné de l'eau benite. »

Une plaquette contemporaine intitulée *Le trespas et obseques de Tres chrestien Roy de France Charles neufiesme de ce nom. (A Lyon. Par Michel Iore. 1574, pet. in-8° de 32 p.)*

(1) *Histoire de Paris*, t. V, p. 2.
(2) Le corps du roi Charles IX dut être exposé dans l'église abbatiale et son effigie dans la chapelle Saint-Pierre.
(3) *Histoire de Paris*, t. III, p. 719.
(4) *Mesdicts seigneurs*, les sieurs des comptes.
(5) *En ladicte chambre*, la chambre du Palais de Justice.

donne, p. 12 et suiv., le détail complet du cérémonial qui fut observé pour la translation du corps et de l'effigie du roi du château de Vincennes à l'abbaye de Saint-Antoine et dans l'église abbatiale, après son arrivée.

« Et ainsi demeura ledit corps, iusques à ce qu'il fut porté dudict lieu du Bois de Vicennes en l'Eglise de Sainct Anthoine des champs, en tel ordre qui s'ensuit.

« Premierement partirent dudict lieu de Vicennes deux des Mareschaux des logis dudit feu Seigneur, auec plusieurs fourriers, pour aller faire les logis de ceux qui estoyent audit conuoy. Et deux des Maistres d'hostel, auec certain nombre d'officiers, pour l'appareil et preparatif du disner, et enuiron vne heure apres commencerent à cheminer.

« Les cinq cens pauures vestus de dueil, portans chacun vne torche de quatre liures de cire jaune, armoiree à double, des armoiries dudict Seigneur, conduicts et guidez de vingt conducteurs aussi habillez de dueil, et tenans chacun vn baston noir en la main pour les guider et faire tenir l'ordre qui leur auoit esté commandé.

« Les cheuaucheurs d'escuirie aussi en habillements de dueil à cheual.

« Les gentilz-hommes seruiteurs honnestes des Cardinaux, Princes et Seigneurs estans audict côuoy, aussi à cheual habillez en dueil.

« Les cent Suysses de la garde dudict Seigneur à pied, habillez en dueil, portans leur enseigne dedans le fourreau.

« Les deux cens Gentilz-hommes de la maison estans à cheual, et portans leurs deux enseignes aussi dedans le fourreau.

« Les menus officiers de la maison dudict Seigneur aussi à cheual, marchans les premiers ceux du commun : et ceux de la bouche marchâs derriere, côme plus honorable lieu.

« Le Maistre de la Chambre aux deniers, Contrerolleur, et Clercs d'office aussi à cheual.

« Les valletz de garderobbe, chirurgiés, valletz de Châbre, et les Medecins dudict Seigneur aussi à cheual.

« Les huissiers de Salle dudict Seigneur aussi à cheual.

« Les Gentilz-hommes seruans, panetiers, echanssons, et valletz trenchans aussi à cheual.

« Les Maistres d'hostel dudit Seigneur auec leurs bastons noirs aussi à cheual.

« Le premier Maistre d'hostel, le dernier d'entre eux.

« Le premier Escuyer trêchant portât le Panon (1) faict de veloux bleu azuré semé de fleurs de lys de riche broderie d'or, couuert d'vn crespe noir, au trauers duquel on pouuoit veoir et cognoistre ledit Panon.

« Six Pages vestuz de veloux noir auecq' le chaperon de drap montez sur six grandz Coursiers couuers et houssez de veloux noir trainant iusques en terre, auecq' grande croix de satin blanc.

« Les Archeuesques, Euesques et Prelatz en nombre de quinze.

« Les Roys d'armes.

---

(1) *Panon*, pour *panon* (du lat. *pannus*), bannière.

« Les vingt et quatre Archers du corps, vestus par dessus leurs hoquetons d'orfeuererie, de robes à cheuaucher de drap noir.

« Vn escuyer à cheual portant en l'vne des mains les esperons dudict Seigneur, aussi couuers de crespe noir.

« Vn autre portant l'esu (1).

« Vn autre la cotte d'armes.

« Vn autre le heaume (2), et vn autre le ganteletz.

« Le cheual d'honneur entieremét houssé et couuert de veloux violet azuré et semé de fleurs de lys.

« Le chariot d'armures dedans lequel estoit le corps dudict Seigneur couuert d'vn grand drap mortuaire de veloux noir à vne Croix blanche, de satin enrichi de huict grandes armoiries de broderie.

« Le chariot d'armures tiré par six grans coursiers couuers et houssez iusque en terre de veloux noir, croisé de satin blanc, les chartiers vestus de veloux noirs et chaperon de drap.

« Les Cheualiers de l'ordre, et autres Seigneurs notables.

« Les quatre cens archers de la garde, auec leur enseigne ployée : et approchant de S. Anthoine les vingt et quatre Crieurs de la ville de Paris, se mirent en rang deuant lesdicts pauures.

« Et peu de temps apres se trouuerent les Estatz de ladicte ville, qui estoyent venus processionnellement au deuant dudict corps, auec quelques Presidés de la Court, et grande partie des Côseillers vestus en dueil : lesquelz se ouurirent des deux costez, iusques a l'entree de ladicte Eglise de S. Anthoine des champs, reuerans la teste nue le corps, quand il passoit en leur ordre.

« Ce faict, chacun s'en retourna ou bon luy sembla, fors les Officiers et seruiteurs domestiques dudict feu Roy, qui accompagnerent le corps au seruice qui se feit pour ce soir en ladicte Eglise de S. Anthoine, qui fut le samedy dixiesme iour de Iuillet : laquelle estoit garnie d'autant de luminaire qu'elle en pouuoit porter, têdue de drap noir, et par dessus d'vn lez (3) de veloux garny d'armoiries.

« Le lendemain au matin, qui estoit le Dimenche vnziesme iour de Iuillet, les Messes dictes et celebrees en ladicte Eglise en la forme accoustumee, les portes de ladicte Eglise furent closes et fermees pour mettre ladicte Effigie dessus vn Chariot, en la mesme maniere qu'il estoit en la Salle dudict Boys de Vincennes.

« Ladicte Effigie ainsi accoustree et assise sur le Chariot, fut mise à l'entree de ladicte Eglise de S. Anthoine, et ledict Dimenche les Estatz de la ville de Paris partirent d'icelle,

(1) *Esu*, pour *escu*, écu, bouclier.

(2) *Heaume*, casque.

(3) *Lez* pour *lé* (du lat. *latus*). « On dit dans les enterremens des grands qu'il y auoit vn ou deux *lés* de velours chargés de blason, sur deux ou trois *lés* de drap, pour la tenture de l'Église. » (*Dictionnaire universel* de Trévoux t. V, p. 454.)

audit lieu de sainct Anthoine, là où chacun en son rang, donna de l'eau beneiste au corps et Effigie dudict Seigneur Roy. »

Le cardinal Pierre V, de Gondy, évêque de Paris, dit le *Subvenite* et donna de l'eau bénite pour la levée du corps, avant son départ de l'abbaye de Saint-Antoine pour l'église Notre-Dame et l'abbaye de Saint-Denis.

1587. — En 1587, les ligueurs ourdirent plusieurs complots contre Henri III, entre autres celui de l'enlever à son retour de Vincennes, d'où il ne revenait d'ordinaire qu'avec une faible escorte, et de l'enfermer dans une tour de l'abbaye de Saint-Antoine. Voici ce qu'on lit à ce sujet à la page 11 du *Procez verbal d'vn nommé Nicolas Porlain, Lieutenant de la Preuosté de l'Isle de France, qui contient l'histoire de la Ligue, depuis le second Ianuier 1585 iusques au iour des Barricades, escheues le 12 May 1588* (1) : « De fait, ils furent vn iour qui ne se peut cotter, en deliberation de le surprendre en la ruë sainct Anthoine, reuenant du bois de Vincennes, et n'auoit lors auec luy que deux hommes de cheual et quatre laquais, proposerent de tuer son cocher et quelques-vns d'autour de luy, et incontinent deuoient crier au Roy, Sire, ce sont les Huguenots qui vous veulent prendre. A laquelle parole il seroit tellement effrayé, qu'il sortiroit de son carosse, et lors ils s'en saisiroient et le meneroient en l'Eglise sainct Anthoine en vne petite tour qui est fort près du clocher (2), en attendant que le commun peuple s'assemblast pour y venir. Mais sur l'execution de ceste entreprise, leur fust remonstré par vn plus sage qu'eux, qu'vn Roy ne se prenoit pas ainsi, que cela ne se pouuoit faire sans murmure : et quand il se fust peu faire, qu'il eust fallu auoir vn Prince de marque pour la conduite : ce qu'ils n'auoient pas, et n'estoient assurez d'estre secourus, au cas qu'ils se trouuassent foibles : Bref, que telles entreprises estoient trop grandes pour eux, et trop hazardeuses, dont ils demeurerent tous refroidis, et ne fust executee ladite entreprise. »

Le roi Henri III donna en 1587, dans la forêt de Bondy, aux religieuses de l'abbaye de Saint-Antoine-des-Champs « quatre arpens de bois pour leur chaufage durant neuf ans (3) ».

1590. — Le 7 mai 1590, la Sorbonne ayant rendu un décret contre Henri de Bourbon (Henri IV) pour l'exclure du trône comme « hérétique, ennemi de l'Église, relaps et excommunié » l'armée royale s'empara en deux heures, dans la soirée du même jour, de tous les faubourgs de Paris et incendia ensuite les moulins à vent des environs, à l'exception toutefois de celui de l'abbaye de Saint-Antoine, occupée et fortifiée par Henri IV à l'époque du siège de Paris.

En mai 1590, lorsque Henri IV assiégeait Paris, les soldats de la Ligue, sous les ordres

(1) Ce procès-verbal se trouve réimprimé à la suite du *Iorrnal des choses memorables aduenues durant tout le regne de Henry III Roy de France et de Pologne* (par Pierre de l'Estoile), s. l., 1621, pet. in-8.

(2) Cette petite tour devait être la prison de l'abbaye de Saint-Antoine dont parle Dulaure à la p. 397 du t. IV de l'édit. de 1825 de son *Histoire de Paris*.

(3) *Histoire du diocèse de Paris*, de l'abbé Lebeuf, t. VI, p. 169.

du chevalier d'Aumale (1), repoussèrent les assiégeants dans une sortie et les délogèrent de l'abbaye de Saint-Antoine où ils s'étaient fortifiés, mais, dans la chaleur de l'action, les soldats de la Ligue, oubliant qu'ils ne devaient porter les armes que dans l'intérêt de la religion catholique, pillèrent l'abbaye et s'emparèrent des vases sacrés et de tout ce que l'église renfermait de plus précieux. « Sur la fin de May 1590, lit-on à ce sujet dans les *Remarques sur la satyre Ménippée* (édit. de *Ratisbonne* de 1709, t. II, p. 89 et suiv.), les Parisiens assiégez ne pouvant déjà plus faire de sorties que par la Porte S. Antoine : un jour de Dimanche 3 du mois (2) le Chevalier d'Aumale prit le pretexte de vouloir en faire une grande et vigoureuse et comme sa Troupe étoit obligée de prendre son chemin par derriere l'Abbaye S. Antoine, qui est une Maison de Bernardines à une portée de Mousquet de cette Porte, le Chevalier la fit forcer, et fit en cette occasion des merveilles de sa personne, mais lui et les siens jugèrent à propos de n'aller pas plus loin, et ne firent plus que fourrager et piller cette Abbaye, et les Religieuses qui y étoient, jusques aux Chappes, Calices, Reliquaires, et autres choses saintes (3). » L'auteur des *Remarques* ajoute plus loin que « M. de Thou n'a point voulu parler de cette histoire, de peur qu'on ne vînt à croire qu'Anne de Thou, sa parente, qui estoit pour lors abbesse de Sainct-Antoine, auroit eu sa part des insolences du chevalier d'Aumale ».

Un passage de la *Satyre Ménippée* (4) se rapporte au pillage de l'abbaye de Saint-Antoine par le chevalier d'Aumale, à propos de la description d'une tapisserie imaginaire destinée à décorer au Louvre la salle des États de la Ligue tenus à Paris le 10 janvier 1593 :

(1) Claude, chevalier d'Aumale, frère de C. de Lorraine, duc d'Aumale, célèbre par son courage, ses rapines, son fanatisme et ses débauches, fut tué à Saint-Denis dans sa lutte contre Henri IV. Après sa mort, son corps fut mis dans une bière de bois aux ais disjoints et relégué dans une chapelle peu fréquentée de l'église de Saint-Denis dite chapelle Saint-Martin. Son cadavre fut presque entièrement rongé par des souris et des rats qui s'étaient introduits par la bière entr'ouverte : lorsqu'on vint pour procéder à la levée du corps, on ne retrouva plus qu'un squelette à moitié décharné. « Vn cas merveilleux advint au corps de ce Cheualier, lit-on à ce sujet p. 363 du t. IV des *Mémoires de la Ligue*. Ayant esté mis dans vne biere en vne chapelle de l'Eglise de Sainct Denis, attendant ce que le Roy ordonneroit qu'on en fît, le lendemain, ainsi qu'on voulut tirer le corps pour l'embausmer, la biere fut trouuee toute pleine de rats et de souris, qu'on eut toutes les peines du monde à chasser dehors, sur tout vn qu'il falut empoigner à belles mains, et l'arracher hors d'vne des playes ». C'est encore à ce bizarre événement que font allusion ces vers satiriques des *Mémoires de la Ligue* (t. IV, p. 363 et 364) :

> Quel est ce corps qu'embaumé dans Paris
> L'on porte en terre avec pompe Royale ?
> C'est (ce dit-on) le Cheualier d'Aumale,
> Qui la Couronne à Saint-Denis a pris,
> Pourquoi n'a-t-on apporté les souris
> Et tant de rats trouvés dedans sa bière :
> C'eust bien esté (ce fit vne tripiere)
> Pour les zélés de Paris un repas,
> Un autre dit, c'en est la fourmillière
> Que ce Paris, mais il ne le sait pas.

(2) C'est une erreur de date évidente, l'auteur des *Remarques* venant de parler de « la fin de May. » Peut-être faut-il lire : 23 du mois.

(3) V. en 1598 et en 1622 des lettres patentes relatives au pillage de cette abbaye.

(4) P. 17 et suiv. d'une édition pet. in-8 de 1594.

« En la dixiesme (pièce de tapisserie) estoit fort bien historiée la prise de la ville de sainct Denis, par le Chevalier d'Aumale, et y paroissoit le sieur de Viq, et le sainct Apostre de France, qui luy fortifioit sa jambe de bois (1) : Et sainct Antoine des champs, qui mettoit le feu aux pouldres, pour espouuanter les Parisiens. Au dessus de ladicte pièce estoit ung escriteau contenant ces mots :

> Sainct Antoine pillé par un chef des uais
> Alla comme au plus fort s'ẽ plaindre à S. Denis,
> Qui luy a de ce tort la vengeance promise
> Vn peu de temps apres, ce paillard entreprit
> De prendre S. Denis, mais sainct Denis le prit,
> Et vengea dessus luy l'une et l'autre entreprise.

« Le dict jour (jeudi 12 juillet), lit-on dans l'*Histoire du siège de Paris sous Henri IV* publiée par M. A. Dufour, dans le t. VII des *Mémoires de la société de l'histoire de Paris*, sur une heure après midy, le chevallier d'Aumalle, colonnel de l'infanterie, fist sortie par la porte Sainct-Anthoine, avec deux cens lansquenetz, qu'il posa aux environs de l'abaye Saint-Anthoine pendant que les habitans en grand nombre jusques à quatre mil et plus, aucuns en armes et les aultres sans armes, s'employeroient tant à enlever et emmener en la ville le bestiail, grains, gerbes et aultres provisions qu'ilz trouvèrent en la basse-court de la dicte abbaye occupée par les ennemis, qui furent contrainctz eux retirer et sauver comme ilz peurent, qu'à soyer (2) des bledz et aultres grains aux champs, comme faisoient les aultres particuliers de la dicte ville ès environs d'icelle, dont il entra bonne quantité ce dict jour par toutes les portes et endroictz sans grande résistance. »

« Ce dict jour (mercredi, 18 juillet), lit-on *ibidem*, le chevallier d'Aumalle fist sortie par la porte Sainct-Anthoine, avec cent ou six-vingtz chevaulx, et trois à quatre cens soldatz de la ville, conduictz par Le Clerc, dit Bussy (3), capitaine de la Bastille, rompirent les baricades que l'ennemy avoit depuis dix jours faict dresser près l'abbaye Sainct-Anthoine, le long du pavé, le dict chevallier d'Aumalle chargea des troupes de cheval, y eut deffaicte des ennemis de quarente ou cinquente sur la place. »

« Ce mesme jour (jeudi, 19 juillet), lit-on *ibid.*, sortirent cent ou six-vingtz hommes de pied de la ville, par la porte Sainct-Anthoine, avec le sieur de Gauville, capitaine colonel d'un régiment de soldatz françois, des garnisons de la ville, qui approchèrent des baricades Sainct-Anthoine, furent soustenuz et repoulsez par les ennemis estans en plus grand nombre, se retirèrent à la faveur du canon qui tiroit du boullevert Sainct-Anthoine, et

(1) Dominique de Vic, dont il est question ici, servait dans l'armée royale contre les huguenots, sous le duc de Mayenne, et avait reçu, au siège de Seine-la-Grande-Tour, entre la Provence et le Dauphiné, un coup de fauconneau (petite pièce de canon du XVIe siècle) qui lui avait emporté presque tout le gras de la jambe droite; aussi avait-il été obligé de se faire amputer de cette jambe vers 1589.

(2) *Soyer*, par corruption pour *scier*, parce qu'on se sert, pour moissonner, d'une faucille ou serpe ronde dentelée comme une scie.

(3) J. Bussy-Leclerc, chef de la faction des Seize pendant la Ligue. Le duc de Mayenne, vainqueur de cette faction en 1691, ne lui fit grâce de la vie qu'à condition qu'il se démettrait entre ses mains du gouvernement de la Bastille.

empescha les ennemis d'aprocher la ville, mesmes des troupes de cavalerie estans en embuscade à couvert derrière les murs de l'abbaye Sainct-Anthoine, sur le chemin de Sainct-Maur, attendant qu'il sortist plus grand nombre de la ville pour les surprendre, enveloper et avoir leur revenge du jour précédent, et voyans qu'il n'en sortoit d'aultres firent lascher deux ou trois petites pièces de campagne, bracquées à couvert près le moullin à vent Sainct-Anthoine (1), et tirer sur le rempart et boullevart derrière la Cousture-Saincte-Catherine (2), où y avoit grande multitude de gens, tant soldatz que spectateurs, les boulletz passèrent par dessus sans blesser personne, et en la sortie et escarmouche furent tuez deux de la ville, trois ou quatre blessez, entr'aultres le dict capitaine Gauville, d'un coup d'arquebuze au travers du gras de la cuisse, ne laissa de se retirer à pied, et y eut des ennemis aucuns atteincts, sans avoir peu juger les blessez ou mortz. »

« Le samedy (21 juillet), lit-on *ibid.*, n'y eut aucun faict d'armes, sinon de tirer quelques coups de canon de la ville sur les compagnies qui estoient en garde à l'abbaye Sainct-Anthoine, et trouppes de gens à cheval passans de quartier en aultre à la portée du canon, sans effect apparent. »

« Et le mesme jour de relevée (vendredi, 3 août), lit-on encore *ibid.*, le chevallier d'Aumalle et avec luy sa compagnie, et le sieur de Vitry, firent aultre sortie par la mesme porte Sainct-Anthoine, avec deux ou trois cens hommes, la pluspart de pied, tuèrent sur le champ trente ou quarante soldatz des ennemis, près leurs baricades de l'abbaie Sainct-Anthoine, et amenèrent dix prisonniers. »

Le lundi 6 août 1590 eut lieu, dans le cloître de l'abbaye de Saint-Antoine, de midi à une heure, une conférence entre Henri IV et les députés de la Ligue. Le duc de Mayenne (3), s'étant avancé jusqu'à La Ferté-sous-Jouarre, avait promis aux Parisiens de les secourir avant l'expiration du mois de juillet : en cas d'inexécution de sa promesse, il leur laissait sa femme et ses enfants comme ôtages.

« Sur ceste asseurance, lit-on dans une plaquette du temps (4), les Parisiens se sont

(1) Ce passage prouve évidemment que le moulin à vent de l'abbaye de Saint-Antoine ne fut pas incendié, comme tous ceux des environs de Paris, en mai 1590.

(2) La Cousture ou Culture-Sainte-Catherine, ainsi nommée à cause du voisinage du prieuré de Sainte-Catherine-du-Val-des-Ecoliers fondé en 1229.

(3) C. de Lorraine, duc de Mayenne, deuxième fils du duc F. de Guise, dit le Balafré, chef de la Ligue avec le titre de *Lieutenant général de l'État et couronne de France.*

(4) *Discours / de ce qui / s'est passe en / la conference des deputez de / Paris, avec le Roy, en l'Ab / baye S. Anthoine des Champs, / le septiesme iour d'Aoust, mil / cinq cens nonante. A Tours, chez Iamet Mettayer Imprimeur ordinaire du Roy.* M. D. LXXXX, pet. in-8 de 22 p. Le premier chapitre de cet opuscule est précédé d'un en-tête orné où figure un écusson portant trois chastels aux chefs chargés de trois fleurs de lis. Ces armoiries se rapportent-elles à l'abbaye de Saint-Antoine, abbaye royale et fortifiée, où se passa la conférence? C'est ce que nous ne saurions décider, faute de preuves. Quant à la date du titre (*septiesme iour d'Aoust*) elle est erronée, cette conférence n'ayant eu lieu ni le 7, ni le 8 août, comme pourrait le faire croire l'intitulé du deuxième chapitre de ce discours (*De huictiesme aoust, mil cinq cens nonante*) dont nous donnons ici un extrait, mais le lundi 6 août. Pierre de l'Estoile qui ne donne aucun détail sur cette conférence dans son *Registre-Journal de Henri IV, roy de France et de Navarre* (*Nouvelle collection de Mémoires pour servir à l'histoire de France,* par Michaud et Poujoulat, deuxième série. T. I) s'exprime ainsi au sujet de cet événement : « Le lundi 6 aoust 1590, suivant la résolution des théologiens et de l'assemblée faite à Paris en la salle Saint-Louis (au Palais, en la Cité, devenue depuis la chambre de la Tournelle), les députés de Paris

entretenuz en leur opiniastreté iusques à present. Toutesfois sentant leur necessité insup-
portable, et voyant deuant eux mourir tous les iours de faim dans les rues vne infinité de
peuple (1), ils resolurent le quatriesme de ce moys de deputer Messieurs les Cardinal de
Gondy, et l'Archeuesque de Lyon pour venir trouuer le Roy, pour le supplier de leur
donner la paix. Lesdits deputez auant que se charger de ladite legation, d'autant qu'ils
sont Ecclesiastiques voulurent auoir le consentement 'du Legat, comme ce faisant ils ne
feroient rien derogeant à leur profession. Ce qu'il ne voulut faire à son refus, ils le proposerent aux Docteurs de Theologie qui sont auec luy, speciallement à Panigarolle (2) qui
signerent ladite permission (3), suiuant laquelle ils enuoyerent demander vn passeport du
Roy, qui le leur accorda, et les remit à les ouyr le Lundy ensuyuant.

« Il alla ledit iour disner à Sainct Anthoine des Champs (4). Ou apres disner lesdits

sortirent avec la permission et benediction de M. le Legat, pour aller trouver le Roy à Saint-Antoine des Champs,
ou Sa Majesté avoit disné. » Palma Cayet, dans sa *Chronologie novennaire* (t. XII de la première série de la
collection Michaud et Poujoulat) dit que le roi manda aux députés « qu'ils le vinssent trouver à Sainct Anthoine des
Champs où il alla *le sixiesme d'aoust*, accompagné de mil ou douze cents gentils-hommes du moins ». L'assiégé,
auteur anonyme du *Journal du siège de Paris en 1590* publié par A. Franklin, après avoir mentionné (p. 201) que le
roi « se présenta en personne à Sainct-Anthoine, qui est une abaye de religieuses distant des murailles de la ville de la
portée du canon seullement, qu'il avoit fortifié pour tenir la ville de ce costé là » ajoute plus loin : « ainsy l'allèrent trouver, *le VI⁰ dudict mois* (d'aoust), lesdicts cardinal et archevesque. »

(1) L'auteur anonyme de cette curieuse relation, pour donner une idée des conséquences de cette famine, constate
(p. 20) que « Toutes les Princesses sont depuis trois iours reduictes au pain d'auoine, et à la chair d'asne, et de
cheual, le septier de bled y vaut soixante escuz, celuy d'auoine dix escuz, la vache cent escuz, vn chappon trois escuz,
vne poulle deux escus, le poullet vn escu. »

(2) F. Panigarola, prédicateur et théologien de l'ordre de Saint-François, cordelier milanais, évêque d'Asti. L'ouvrage
italien intitulé *Tre prediche di Mons. rever. Panigarola Vescovo di Asti, fatte da lui in Parigi* (1592, pet. in-8° de
101 p.) renferme des détails très circonstanciés et fort intéressants sur les misères des Parisiens pendant le siège.

(3) « Messieurs le Cardinal de Gondi et l'Archevesque de Lion…, lit-on dans le *Recueil de ce qui s'est passé en la
conference des Sieurs Cardinal de Gondi et Archevesque de Lion avec le Roy* (*Mémoires de la Ligue*, t. IV, p. 340
et suiv.) n'y vouloyent aller qu'ils ne fussent munis d'une descharge contre l'excommunication du Pape. Le Legat
avant que de l'envoyer, consulta avec Panigarole, Tirius (Jacques Tiria) le Recteur des Jesuites, et Bellarminus
(Robert Bellarmin, théologien et jésuite italien) sur trois articles, *Utrum redlentes urbem haeretico Principi, ob
necessitatem famis, sint excommunicati, Utrum adeuntes Principem haereticum ut eum convertant, vel ut conditionem
Ecclesiae catholicae faciant meliorem, incurrant excommunicationem bullae Sixti quinti.* Sur ce lesdits Docteurs res-
pondirent *negativè, quod non incurrunt.* Lesdits Ambassadeurs munis de ce, demanderent sauf-conduit au Roy pour
le venir trouver à sainct Denis. Il leur manda que ils le vinssent trouver à sainct Antoine des champs. »

(4) Henri IV avait fait fortifier l'abbaye de Saint-Antoine. « On vit bien alors, lit-on dans la *Relation du siège
de Paris par Henri IV* traduite par A. Dufour de l'italien de Filippo Pigafetta (p. 67 du t. II des *Mémoires de la
Soc. de l'hist. de Paris*) que l'ennemi avait employé tous les moyens en son pouvoir et fait les plus grands efforts
pour resserrer et barricader Paris ; en effet, du côté de la ville, il tenait le pont de Charenton, gardé par le seigneur
de Givry, avec un fort détachement de cavalerie ; plus près encore, il occupait aussi avec de l'infanterie et de la
cavalerie l'abbaye de Saint-Antoine-des-Champs, defendue par des tranchées et des fossés et située non loin de
Paris, entre la porte Saint-Antoine et le bois de Vincennes. » F. Pigafetta ajoute plus loin (*ibid.* p. 74) au sujet de
l'entrevue de Henri IV et des députés de la Ligue : « Les députés se rendirent donc près du roi de Navarre qui les
attendait à l'abbaye des religieuses de Saint-Antoine-des-Champs, située à un demi-mille de Paris. Le Navarrais
les reçut plus froidement qu'ils ne l'espéraient et, ayant appris de leurs bouches l'objet de leur mission et le bien
qui devait résulter pour tout le royaume de France d'une paix générale, il leur répondit qu'il savait bien que
Paris avait le couteau sur la gorge et que ce n'était que pour cela qu'ils venaient à lui. » — Selon Dulaure (*Singu-
larités historiques sur Paris et ses environs*, édit. de 1790, p. 285) l'abbaye de Saint-Antoine devint, comme celles
de Longchamp, de Montmartre, etc., un lieu de plaisir et le théâtre des désordres les plus scandaleux, pendant
l'occupation de cette abbaye par Henri IV, à l'époque du siège de Paris.

Sieurs deputez le vindrent rencontrer, et auec eux le Curé Sainct Seuerin de Paris (1), et quelques autres auant qu'approcher de sa Maiesté, ils veirêt d'vne veue pour le moins sept ou huict cens Gentilshommes des meilleures maisons de France qui l'estoyent venuz accompagner.

« Ledict Sieur Cardinal porta la parolle auec grãd respect et submission : comme il est assez prudent et sage pour ny rien obmettre. Toute sa charge estoit de supplier le Roy de la part de ceux de la Ville de se vouloir disposer à la paix, et dire les raisons de la necessité d'icelle. Et ce faict de la supplier de leur permettre de passer iusques à Monsieur du Mayne (2) pour l'exhorter, et prier de la part de ceux de ladite Ville, de se preparer aussi de son costé à ladite paix, et d'en faciliter les moyês le plus qu'il seroit possible. La respôce de sa Maiesté fut en substâce que de la paix, Elle en estoit plus desireux que nul autre : mais pour le traicté particulier de Paris, qu'ils n'auyoêt point besoing d'y employer d'intercesseurs que ce qu'il feroit pour eux, ce seroit plus volontiers pour leur seulle consideration que de nulle autre. Et parce qu'ils pouuoyêt s'ouurir de ce qu'ils desireroiêt d'elle, sans passer plus outre, au reste que pour ceux que la necessité seulle pressoit de recourir à elle, et que l'esperance du secours qui leur estoit promis pouuoit encores retenir de Capituler. Il leur voulut faire cest offre que s'ils capituloiêt dès le lendemain auec elle, qu'elle se contentoit en baillât hostages, que si dans huict iours apres ledit Duc du Mayne les secourroit qu'il demeureroit à leur choix d'entretenir ladite capitulation, ou non. Comme cela est plus particulierement d'escrit en vn memoire separé qui en a esté faict.

« Lesdicts deputés retournerent le mesme iour, et le lendemain r'apporterent la responce de leur charge en plaine assemblee, et ne sçait encores la resolutiõ qu'ils y ont prinse : mais ledict iour ont esté interceptes plusieurs lettres, par où l'on voit qu'ils en sont au desespoir. Entre autres deux de Madame du Mayne à son mary, toutes plaines de larmes prenant côgé de luy, comme si elle estoit à la mort, et luy en reprochant la cause, tât d'elle que de ses enfans, vne autre de ceux de la Ville audict Sieur Duc du Mayne de collere, de reproches et pitiez extremes, et tous concluent que si dàs la fin de la sepmaine ils ne sont secouruz, ils sont contraincts de se rendre la corde au col. »

Pierre Cornejo, auteur espagnol contemporain, rend compte en ces termes de la conférence de Saint-Antoine-des-Champs, dans un récit très détaillé du siège de Paris par Henri IV (3) : « Les deputez (la necessité de la ville croissant d'heure en heure) partirent, et allerent trouuer le Roy de Navarre qui estoit venu à Sainct Anthoine, fort pres de la porte de la ville, pour les receuoir : Il les receut plus froidement qu'ils ne pensoyent,

(1) Jean Prévôt, curé de Saint-Severin, un des plus fougueux partisans de la Ligue, était membre du Conseil de l'Union.

(2) *Monsieur du Mayne*, le duc de Mayenne.

(3) *Bref / discours / et veritable des / choses plus notables, arriues au / siege memorable de la renommee / ville de Paris, et defence d'icelle / par Monseigneur le Duc de Ne / mours, contre le Roy de Navarre.* Par Pierre Cornejo (Cornejo). A Lyon, par Iean Pillehotte, Libraire de la saincte Vnion. 1590. (Auec priuilege de Monseigneur le Duc de Mayenne.) Dédicace à Madame la Duchesse de Nemours. Pet. in-8° de 62 p.

et luy ayant proposé ce dont ils estoyent chargez, à sçauoir, le bien qui arriueroit en ce Royaume d'vne Paix vniuerselle, et que cela consistoit seulement en ce qu'il pouuoit faire, d'embrasser la foy que les Roys ses predecesseurs auoyent tenuë : moyennant quoy, la ville de Paris estoit preste de le receuoir pour Roy, et s'asseuroit que les autres villes en feroyent autant. Il leur feit response, qu'il sçauoit bien que la ville de Paris auoit le cousteau sus la gorge, et que ce qu'ils venoyent à luy c'estoit l'extreme necessité qui les y contraignoit, toutesfois si elle se vouloit rendre à luy, il la receuroit à misericorde, sans y comprendre aucune autre ville, ny parler de laisser son heresie, parce qu'il estoit resolu de ne laisser iamais sa Foy, et qu'ils s'en retournassent, par ce qu'il ne vouloit qu'ils allassent communiquer auec le Duc du Mayne : Que ce n'estoit pas à faire aux vassaux de donner des conditions à leur Roy, mais bien au Roy de leur pardonner. Eux ils luy dirent, qu'ils n'auoient charge de rien faire sans parler premierement à Monsieur du Mayne : et ne le pouuant obtenir, furent contraincts s'en reuenir à la ville. »

Palma Cayet, dans sa *Chronologie novenaire* (1), et Henri Catelin Davila, dans son *Histoire des guerres civiles de France* (2), (t. III, p. 83 et suiv.) donnent des détails très circonstanciés sur la conférence de l'abbaye royale de Saint-Antoine-des-Champs.

L'auteur anonyme du *Journal du siège de Paris en 1590*, publié par Alfred Franklin, raconte ainsi (p. 207 et suiv.) ce qui se passa entre les remparts et l'abbaye de Saint-Antoine pendant la trève conclue entre les deux partis pour tout le temps de la conférence et sitôt la conférence finie : « Et d'aultant que les princes du sang et toute la fleur de la noblesse qui suiuent le party de l'ennemy l'avoient accompagné jusques à la dicte abbaye de Sainct-Anthoine avec grosse trouppe de cavalliers, et que pareillement de la ville une infinité de peuple estoit accouru, qui sur les rampars et qui en plaine campagne, soubz l'asseurance de la trève qui fut publiée pour le temps que dureroit la conférence jà dicte, et que notamment les princesses s'estoient encore présentées sur les mesmes rampars. Toute cette noblesse s'alloit promenant par la campagne, saluant les dames, embrassant leurs amis, communiquant et devisant avec eux en toute familiarité et doulceur ; et en cette rencontre, plusieurs Parisiens moyennèrent (3) leur sortie de la ville. Et certes, ce fut un digne et notable spectacle, de voir le gracieux accueil et les courtoisies dont ilz usèrent de part et d'aultre, s'entracueillant si amiablement qu'on eust pensé qu'il n'y avoit jamais eu dissention ny différend entre eux. Mais ladicte conférence estant finie, et les députez ayant esté conduictz par la noblesse jusques aux portes de la ville, parce qu'il fut advis au capitaine de la Bastille et aux canonniers qui estoient sur la muraille, qu'estant jà expiré le temps de la trève, la campaigne pourtant ne demeuroit nette d'ennemis à leur gré, ilz se mirent à

(1) Première série, t. XII, de la *Nouvelle collection de mémoires pour servir à l'histoire de France*, par Michaud et Poujoulat. (*Librairie de Féchoz et Letouzey.*)
(2) Ouvrage traduit de l'italien par l'abbé Mallet. *A Amsterdam. Chez Aristée et Mercus.* 1757, 3 vol. in-4°.
(3) *Moyennèrent*, négocièrent.

les saluer de plusieurs volées de canons (1). Qui fut occasion aux nostres de se retirer dans la ville, et aux ennemis de s'esloigner, demeurant ainsy la campagne nette et la journée finie. »

1593. — Anne de Thou, abbesse de Saint-Antoine, mourut le 27 mai 1593, jour de l'Ascension, à l'âge de soixante-six ans, après avoir gouverné l'abbaye pendant vingt et un ans, fut enterrée dans le chœur de l'église, avec une épitaphe, près de sa nièce Jacqueline de Thou, ancienne abbesse de Malenoue (2), et remplacée par Jeanne VI Camus de Pontcarré (ou simplement Camus, d'après un acte authentique du 17 février 1596).

1596. — Jeanne VI, abbesse, mourut le 23 mai 1596, jour de l'Ascension, à l'âge de vingt-six ans, et fut inhumée avec une épitaphe près de Marguerite IV de Vaudetar, ancienne abbesse. Madeleine Ire Brulart, fille de Denis Brulart, baron de la Borde, président du parlement de Dijon, et de Madeleine Hennequin, et sœur de Nicolas, président au même parlement de Dijon, usurpa le titre d'abbesse qui revenait de droit à sa cousine germaine Isabelle de Brulart, gouverna un an (1596-1597) et devint ensuite abbesse de Molaize, dans le diocèse de Châlon-sur-Saône (3).

1597. — Jeanne VII du Puy, de la famille des seigneurs de Vatan, ancienne religieuse dominicaine de Poissy, fut nommée abbesse de Saint-Antoine, par brevet royal, en 1597 et gouverna trois ans l'abbaye.

1598. — Henri IV octroya le 27 janvier 1598 des lettres patentes par lesquelles il dispensa l'abbaye de Saint-Antoine de la nécessité de représenter les titres de ses privilèges qui avaient été pillés pendant la guerre « étant tout notoire, est-il dit dans ces lettres patentes, que durant les derniers troubles la Maison desdites Abbesse et Religieuses a esté pillée et ravagée par diverses fois, tant par le Chevalier d'Aumale, qu'autres gens de guerre, qui ont tenu garnison en leurdite Maison, et toutes leurs Chartes et Papiers brûlez et déchirez. »

1599. — « Ledict jour (16 mars 1599) M. de Schomberg (4) retournant dudict Conflans

---

(1) Cet épisode se trouve ainsi rapporté dans l'*Histoire du siège de Paris sous Henri IV* (p. 234 du t. VII des *Mémoires de la Société de l'histoire de Paris*) : « Pendant lequel pourparler advint, sur les trois heures de relevée, que plusieurs des ennemis remarquez à leurs escharpes blanches, s'estans approchez de la douve du fossé de la Bastille, advertiz et sommez des gardes du boulevert d'eux retirer plus loing, n'en ayans tenu compte, furent tirez deux coups de canon dudict boulevert en l'air, à travers champ, au son desquelz les ennemis qui estoient en grandes troupes de cheval s'esmeurent, tirèrent leurs espées, et se saisirent de la pluspart de ceux de la ville qu'ilz trouvèrent parmy eux, comme aussy on prist et fist entrer ceux qu'on rencontra desdictz ennemis près la porte, au dedans de la ville, par représaille. Lesquelz tost après de part et d'aultre furent renduz et renvoiez en liberté. »

(2) Malenoue ou Notre-Dame du Frotel ou Footel, dite le Bois aux Dames, les Malnoe et Marie du Bois, et autrefois *Malno, Malnodis, Mala nodis, Beata Maria de Nemore* et *in bosco ad Dominicas prope Malnodum*, était une abbaye de femmes de l'ordre de Saint-Benoît (Bénédictines) fondée au XIIe siècle, près d'Émerainville (départ. de Seine-et-Marne, canton de Lagny) et réformée au XVIe siècle par Étienne V de Poncher, évêque de Paris.

(3) L'abbaye de Molaize ou Moleize-sur-Saône (*Molesia*), située sur le territoire de la commune d'Écuelles-sur-Doubs (Saône-et-Loire) et occupée par des Bernardines de l'ordre de Cîteaux, avait été fondée, au XIIe siècle, par Eudes II, duc de Bourgogne. Elle était célèbre par ses tombeaux et la richesse de son architecture. Elle fut aliénée et détruite de fond en comble à l'époque de la Révolution. V. dans la *Gallia christiana* (t. IV, col. 1035 et suiv.) la liste, par ordre chronologique, des abbesses de Molaize, du XIIe au XVIIIe siècle.

(4) Gaspard de Schomberg, comte de Nanteuil, général.

mourut d'apoplexie dans son carosse vis-à-vis des Nonnaine de Saint-Anthoine de Paris (1). »

1600. — Jeanne VII, abbesse, abdiqua en 1600, par suite de sa nomination à l'abbaye de Gercy (2), et fut remplacée par Renée De la Salle, ci-devant religieuse de Poissy, qui gouverna l'abbaye trente-six ans et fut la première abbesse qui fit clôturer les religieuses de Saint-Antoine.

1603. — En 1603 « le mardy 17 (juin), le roy (Henri IV) retourna de Saint-Germain à Paris, où il a séjourné jusques au dimanche 22 qu'il en partit après avoir ouy la messe à Saint-Antoine des Champs, alla disner à Charenton et coucher à Juilly et à Monceaux (3). »

1611. — Renée de la Salle, abbesse de Saint-Antoine, fit élever en 1611, dans l'église abbatiale, adossé au mur, à droite, un cénotaphe en marbre à la mémoire de son frère Jacques de la Salle, décoré de ses armes, avec deux épitaphes, l'une en latin, l'autre en français.

1622. — Louis XIII octroya, le 5 mars 1622, des lettres patentes en faveur des privilèges de l'abbaye de Saint-Antoine, confirmatives de celles de Henri IV du 27 janvier 1598. Ces lettres patentes portent « qu'il est notoire que durant les troubles la maison des Dames de S. Antoine a été pillée et ravagée diverses fois par les gens de guerre qui ont tenu garnison dans cette maison, et que toutes leurs chartres et papiers ont été brûlés et déchirés, qu'il leur restoit seulement quelques titres qui seroient demeurés ès mains de leurs procureurs. »

1636. — Renée de la Salle, abbesse de Saint-Antoine, étant morte le 5 mars 1636, à l'âge de soixante-dix-sept ans, fut inhumée dans le chœur de l'église avec une épitaphe. Marie II Le Bouthillier, fille de Claude Le Bouthillier, surintendant des finances, et de Claude de Macheco, tante de Victor, archevêque de Tours, ancienne trésorière au monastère de Fontevrault, fut nommée abbesse, à sa place, par brevet royal du 6 mars 1636, entra à l'abbaye le 17 juin, et, après avoir reçu ses bulles du pape Urbain VIII le 14 août, prit possession le 8 septembre de cette même année. Elle gouverna l'abbaye seize ans et sept mois, fit réédifier les bâtiments abbatiaux et construire une infirmerie pour les religieuses âgées. Elle fit observer entièrement la clôture par les religieuses de Saint-Antoine-des-Champs, accrut de seize arpents l'enclos de cette abbaye (4) et obtint du roi Louis XIV la confirmation de tous les privilèges, exemptions et franchises dont les rois, ses prédécesseurs, avaient doté cette abbaye. « Elle bastit un nouveau logis abbatial, et régla si bien toutes choses, soit pour les offices du chœur, soit pour les autres exercices du cloistre, que c'est principalement à elle que le public est redevable de la bonne observance qui est dans cette maison (5). »

---

(1) *Journal d'un curé ligueur de Paris sous les trois derniers Valois*, etc., p. 295.

(2) L'abbaye de Gercy, en Brie, fut fondée en août 1269, par Alphonse, comte de Poitiers, frère de saint Louis, et par la comtesse Jeanne, sa femme, pour quarante religieuses de l'ordre de Saint-Augustin. La communauté de l'abbaye d'Issy, près Paris, ayant été dissoute en 1751, ses biens furent réunis à l'abbaye de Gercy en Brie pour des religieuses de l'ordre de Saint-Augustin.

(3) *Journal d'un curé ligueur de Paris sous les trois derniers Valois*, etc., p. 307.

(4) « Afin d'oster à ses filles tout prétexte de sorties », dit Félibien. (*Hist. de Paris*, t. I, p. 217.)

(5) *Histoire de Paris*, de Félibien, t. I, p. 218.

1640. — Le 20 août 1640, eut lieu la bénédiction solennelle de Marie II Le Bouthillier, abbesse de Saint-Antoine, par son neveu Victor, coadjuteur de l'archevêque de Tours.

1643. — Le 2 mars 1643, le roi Louis XIII donna des lettres patentes autorisant l'abbaye de Saint-Antoine à ouvrir huit étaux de boucherie. La boucherie ouverte en vertu de ces lettres patentes, située au point de jonction des rues de Montreuil et du Faubourg Saint-Antoine, vis-à-vis de l'abbaye, rapportait trente mille francs de bénéfices annuels en 1742, selon Piganiol de la Force (1) qui constate qu'elle était de dix étaux.

(1) *Description de Paris*, t. IV, p. 442.

V

CHRONIQUE DE L'ABBAYE

DE

SAINT-ANTOINE-DES-CHAMPS

(1652-1798)

E mardi 2 juillet 1652, au combat du Faubourg Saint-Antoine, pendant la Fronde, le prince de Condé monta dans le clocher de l'église de l'abbaye de Saint-Antoine, pour pouvoir surveiller les manœuvres des troupes de l'armée royale. « Sur les cinq heures du soir on vint aduertir M^r. le Prince que les Ennemys se retiroient, il resolut aussitost si la chose estoit vraye de se retirer aussi afin de donner quelque repos à ses Trouppes, et de les faire repasser par Paris, comme elles auoient commancé de defiler il monta dans le Clocher de saint Anthoine pour obseruer plus curieusement la marche de l'Armée Mazarine (1). »

Marie II Le Bouthillier, abbesse de Saint-Antoine, étant morte le 25 septembre 1652, à l'âge de soixante-neuf ans, fut inhumée dans le chœur et remplacée par Madeleine II Molé

(1) V. p. 19 de la *Relation veritable de ce qui se passa le mardy deuxième de Iuillet* (1652), *au Combat donné au Fauxbourg saint Anthoine, entre les Trouppes du C. M.* (Cardinal Mazarin) *commandées par les Mareschaux de Turennes et de la Ferté, et celles de Monsieur le Duc d'Orléans et de Monsieur le Prince* (de Condé). *A Paris. Chez Nicolas Vivenay, Imprimeur ordinaire de Monseigneur de Condé* (1652), in-8° de 31 p. — Un plan géométral fictif de la bataille du Faubourg Saint-Antoine se trouve inséré dans les *Mémoires de l'Académie des Inscriptions.* Sur ce plan, dressé d'après un récit du temps, figurent les travaux de défense et les barricades élevées dans tout le quartier par l'armée des princes pour s'opposer à l'entrée de l'armée royale dans Paris. La plus importante de ces barricades barre dans toute sa largeur la *grande rue du Fauxbourg St. Antoine*, à la hauteur de l'abbaye du même nom. — L'abbaye de Saint-Antoine ayant été pillée et saccagée pendant la lutte des troupes royales et de l'armée des princes, les religieuses se réfugièrent à Paris.

(de Champlâtreux), religieuse de l'abbaye royale de Chelles (1), fille de Mathieu Molé, premier président au Parlement et Garde des Sceaux de France, et de Renée Nicolaï, par brevet royal du 27 septembre 1652.

1653. — Le 28 janvier 1653, le lendemain même de la réception de ses bulles d'investiture, Madeleine II Molé prit possession de l'abbaye et revêtit l'habit de l'ordre de Cîteaux qui lui fut remis en grande pompe par l'abbé de Cîteaux, général de l'ordre, dans l'église de l'abbaye.

Le 12 février 1653 eut lieu la cérémonie solennelle de la bénédiction de Madame Molé, abbesse, dans l'église de Saint-Antoine, par François de Harlay, archevêque de Rouen (2), avec l'assistance des abbesses de Notre-Dame de Sens et de Saint-Aubin, sœurs de cet archevêque, et en présence d'Anne d'Autriche, reine de France, des ducs d'Orléans et d'Anjou, de la duchesse de Vendôme, de Monsieur l'Official de Paris (3), etc., cérémonie représentée dans une estampe grand in-folio signée *P. Erresalde* que nous allons décrire (4).

Monsieur l'Official de Paris, entouré des princes du sang et la reine Anne d'Autriche avec ses dames d'honneur, figurent dans cette estampe sur deux estrades à gauche du spectateur. L'archevêque de Rouen, François de Harlay, officie au grand autel devant lequel est agenouillée Madame Molé, assistée des abbesses de Notre-Dame de Sens et de Saint-Aubin, tenant leurs crosses en main. A droite, au premier plan, figure sur une estrade un groupe de grands seigneurs, non loin d'un fauteuil à baldaquin destiné à l'archevêque officiant. Seize religieuses, rangées sur deux files, se tiennent de chaque côté du chœur. Un certain nombre de prêtres, venus là pour assister et prendre part à cette auguste cérémonie, se tiennent debout devant l'autel brillamment éclairé et surchargé de châsses et de reliquaires. Derrière l'autel on aperçoit les fenêtres du chœur consistant en une double rangée de baies ogivales de style gothique. On lit au haut de cette estampe, dans un cartouche, au-dessus du dais qui surmonte l'autel : « A Monseignevr Monseignevr Molé garde des sceaux de France. Monseignevr, Encore que le iour de la Benediction de Madame l'Abbesse de Sainct-Anthoine vostre fille, soit marqué de rouge dans nos Calandriers, puis que le fameux Nom quelle porte la rendu cellebre a toute la france, i'ay creu estre obligé de consacrer à vostre grandeur le pieux Trophée d'vne si Saincte action, pour informer la Posterité des graces particulieres dont le Ciel a comblé vostre illustre famille. Et comme en cela la prouidence

---

(1) Cette abbaye, située dans le canton de Lagny, arrondissement de Meaux (Seine-et-Marne), fut fondée par sainte Clotilde, au commencement du vi^e siècle, et reconstruite par sainte Bathilde, épouse de Clovis II, au viie siècle. Il ne subsiste plus de nos jours que quelques bâtiments de cette célèbre abbaye qui avait été gouvernée en son temps par des abbesses du plus haut rang.

(2) Fr. de Harlay de Champvalon (né en 1625, mort en 1695) prit part à la révocation de l'édit de Nantes et célébra le mariage de Louis XIV avec Madame de Maintenon.

(3) L'official, officier de l'évêque plutôt que de l'évêché, était un prêtre commis par l'évêque (ou archevêque) pour rendre la justice dans son diocèse à ceux qui la demandaient, dans les matières de son ressort et de sa compétence : l'official devait être licencié en théologie ou en droit. V. le *Recueil tiré des procédures civiles faites en l'officialité de Paris et autres officialités du royaume*, par Pierre De Combes, greffier de l'officialité de Paris. (*Paris, Nicolas Le Gras*, 1705, in-fol.) •

(4) Nous en donnons une réduction en photogravure dans la planche V, d'après une épreuve de la collection de la Bibliothèque de la Ville, à l'hôtel Carnavalet.

de Dieu, la justice du Roy, et la fidelité de vos seruices se font admirer egalement, vous nous paroissez d'autant plus admirable, que vostre merite est le sujet de toutes ces merueilles. Ie ne parleray point des vertus de Madame vostre fille puis qu'elles sont couronnées par le sufrage et en la presence de la plus grande Royne du monde. Ie me contente apres auoir esté témoin et de son bonheur, et de vostre gloire, d'en grauer la verité sur ce Cuiure, pour en eterniser le souuenir. C'est le dessein Monseigneur De vostre tres humble et tres obéissant serviteur P. Erresalde. » Au bas de l'estampe se trouve une inscription très détaillée ainsi conçue : « L'Abbaye de Sainct Anthoine estant vacante en l'ānee cinquente deux, par la mort de Madame Marie Bouthillier, le Roy en pourveut Madame Magdelene Molé Religieuse de l'Abbaye Royale de Chelles, et fille de Monseigneur Molé, premier president et garde des Sceaux de France en memoire, plutost qu'en reconnoissance des importans seruices que cet Illustre Ministre auoit rendus a l'Estat. Elle receut le Breuet de sa nomination le vingt septiesme septē dans l'Arcenal, ou toute la cōmunauté de Chelles s'estoit refugiée pour se mettre a labry des desordres de la guerre, et le trentiesme du mesme moys elle fut visitée de la cōmunauté de Saint Anthoine, qui faisoit son sejour a Paris par les mesmes consideâ rations. Aprez son retour dans l'Abbaye de Chelles elle en partit le lendemain de l'arriuée de ses Bulles pour venir prendre l'habit de Saint Bernard, qu'elle receut de la main de l'Abbé de Cisteau, General de l'Ordre, dans l'Eglise de l'Abbaye de Saint Anthoine, avec toutes les ceremonies qui se pratiquent en ces actions. Elle fut en suite a Paris atandant le jour de son entrée, qu'elle fit solemnelemēt bientost a prez a la vüe d'vn monde de peuple qui au seul bruit de son Illustre Non en voulut estre temoin ne pouuant cacher la joye d'vne si agreable nouuelle. La Ceremonie en fut faicte par Monsieur l'Official de Paris, selon la coustume de l'Eglise. Le Douziesme de Feburier de l'année suiuante (1) fut le jour de sa Benediction. La Reyne eut la bonté de s'inuiter elle mesme pour la rendre plus cellebre par sa presence, et temoigner l'estime qu'elle auoit pour le Pere dans l'honneur qu'elle faisoit à la Fille. Sa Majesté ne fut pas plutost arriuée, sur les dix heures du matin dans l'Abbaye de Saint Anthoine, acompaignée de Monseigneur le duc d'Anjou, et de plusieurs autres Princes et Princesses, que le Faubourg fut remply de monde de tout sexe et de tout age ; et cōme il estoit animé de la curiosité de voir couronner toutes les vertus ensemble, en la personne de cette nouuelle Abesse, la foule en paressoit d'autant plus agreable, qu'elle estoit grande. Certes tout contribuoit au bonheur de cette Ceremonie. Monseigneur l'Archeuesque de Roüen celebroit l'office, assisté de vingt quatre Prestres, reuestus de leurs chapes. L'Eglise estoit Superbement parée; l'autel richemēt orné, la musique fort excellente, et l'on ne pouuoit rien ajoutter a la beauté de l'Assamblée, puis que la plus digne Reyne qui ait jamais porté courōne (2), et vn des plus grāds Princes que le Ciel ait dōné a la Terre (3), en faisoint l'eclat, et la grandeur. Il y auoit encore beaucoup de satisfaction a voir Madame l'Abbesse de Saint Anthoine a genoux aux pieds de l'Autel, ayant a sez costez les Abbesses de nostre

(1) Le 12 février 1653.
(2) Anne d'Autriche.
(3) Gaston de France, duc d'Orléans, fils puiné de Henri IV et frère de Louis XIII.

Dame de Sens, et de Saint Aubin sœurs de Monseigneur l'Archeuesque, tenant chacune la crosse a la main, quoy que la derniere ne soit pas crossée, et toutes ensemble enuirōnées de chasque costé, d'vn grand nombre de Religieuses, dont la modestie estoit d'autant plus admirable, qu'elle auoit le pouuoir de cacher sur leur visage la joye qu'elles ressentoient dans lame. Durant le Temps qu'on chanta le *Te Deum* Madame de Saint Anthoine fut conduite dans le Cœur pour y prendre sa place, ou toutes les Religieuses luy vindrent rendre leurs deuoirs. Cette Ceremonie se termina auec le mesme ordre qu'elle auoit esté cōmencée, par les soins de Monsieur Potier Maistre des ceremonies, et de Monsieur Des Roziers, exempt des gardes de la Reyne, et en suite sa Majesté entra dans le Cloistre, ou elle fut magnifiquement traitée, et seruie a table, par six Religieuses. Mais pour comble de Bonheur, le Roy a fait Coadjutrice de Madame l'Abbesse de Saint Anthoine, Madame Françoise Molé sa sœur puisnée, et Religieuse de la mesme Abbaye (1), pour rendre ses bienfaits d'autant plus durables en cette Illustre famille, que tous ceux qui en ont porté le nom se sont fait egalement considerer de siecle en siecle, et par leurs Eminentes vertus, et par leurs importans seruices. »

1656. — Le 10 février 1656 fut célébré, dans l'église de Saint-Antoine, par ordre de Madeleine II Molé, abbesse, d'accord avec sa sœur puînée Françoise Molé, coadjutrice, un service pour le repos de l'âme de Mathieu Molé, leur père. Antoine Godeau, évêque de Vence, prononça à cette occasion, en présence de plusieurs archevêques et évêques, l'oraison funèbre de Mathieu Molé, premier président du Parlement, et garde des sceaux de France.

1657. — Les communautés rivales de celle de l'abbaye de Saint-Antoine, jalouses des privilèges de ce monastère, avaient obtenu, sous la minorité de Louis XIV, un édit qui enjoignait aux ouvriers du faubourg Saint-Antoine (2) de se faire recevoir maîtres et de se conformer, chacun dans son métier, à ce qui se pratiquait dans la ville et les autres faubourgs de Paris. La mise à exécution de cet édit avait eu pour conséquence de dépeupler le faubourg Saint-Antoine de ses ouvriers, réduits à mendier leur vie, et de remplir les hôpitaux de pauvres. Louis XIV accorda à l'abbaye de Saint-Antoine, en février 1657, des lettres patentes qui annulèrent et révoquèrent l'édit précédent, ainsi libellées, pour imposer silence aux autres communautés de Paris : « Voulons et nous plaist de notre même autorité, que les ouvriers et gens de métier qui font leur demeure au faubourg Saint-Antoine, joüissent des mêmes franchises dont ils ont cy-devant bien et düement joüi ; faisons deffenses aux jurez des Arts et Métier de notre Ville de Paris, et à tous autres, de les troubler et inquiéter en quelque sorte et manière que ce soit, à peine de 500 livres d'amende payables sans déport, dépens, dommages et intérests. »

Un arrêt de la Cour du Parlement du 21 avril 1657, confirmatif des lettres patentes précitées et rapporté par Félibien (*Hist. de Paris*, t. V, p. 147), constate en termes exprès que les ouvriers du faubourg Saint-Antoine sont exempts de maîtrise ou obligation de se faire

(1) Madame Françoise Molé fut élue abbesse de Saint-Antoine en 1681, après avoir exercé vingt-sept ans les fonctions de coadjutrice.
(2) La plupart des maisons du faubourg Saint-Antoine avaient été construites de 1610 à 1650.

recevoir maîtres : « Veu par la cour les lettres patentes du roy données à Paris au mois de Fevrier dernier, obtenues par les abesse, religieuses et couvent de l'abbaye S. Anthoine des Champs les Paris ; et les ouvriers et gens de mestier demeurans au fauxbourg S. Anthoine, par lesquelles ledit seigneur roy auroit revocqué son edit du mois d'Octobre 1642 (1) et autres qui pouvoient avoir esté faits, contenans l'establissement des maistrises audit fauxbourg, et ce qui pourroit s'en estre suivy ; vouloit que lesdits ouvriers et gens de mestier qui y estoient establis et faisoient leurs demeures jouïssent *des mesmes franchises dont ils avoient bien et deüment jouy et jouïssent* de tout temps, avec deffense de les y troubler. Requeste, etc. Ladicte cour a ordonné et ordonne que lesdictes lettres seront registrées au greffe d'icelle, pour estre executées selon leur forme et teneur ».

1660. — Le jeudi 26 août 1660 eut lieu l'entrée solennelle à Paris du roi Louis XIV et de la reine Marie-Thérèse. On avait élevé, à cette occasion, dans la rue du Faubourg Saint-Antoine, en face de l'abbaye (à peu près à la hauteur des rues de Citeaux et Saint-Bernard) un grand arc de triomphe que Félibien décrit ainsi (2) : « On avoit dressé dans cette grande rue (du Faubourg Saint-Antoine), vis-à-vis de l'abbaye, un portique d'une largeur et hauteur extraordinaire. Il estoit soustenu de six colomnes peintes de jaspe, avec les chiffres du roy et de la reine au fond de la frise, et six figures sur les pillastres d'une grande balustrade peinte de bronze, représentans la joye, l'obéissance, la fidélité, la reconnoissance, la concorde et la constance. Il estoit encore enrichy de divers autres ornemens, entre lesquels estoient trois autres portiques ornez dans les angles de deux renommées et d'un char de triomphe, où le roy estoit representé suivy de Mars, de Bellonne et des furies enchaisnées, et d'une autre où la reine paroissoit tirée par des lions adoucis ; ces deux chars de triomphe environnez de la paix, de l'abondance, de la magnificence, des sciences, de la piété, de la concorde, de la loyauté, de l'innocence et de l'amour, ayans derriere eux les vices enchaisnez. » L'inscription suivante se lisait en lettres d'or au fronton de cet arc de triomphe, sur une plaque de marbre de jaspe rouge et blanc de quinze pieds de long :

LVDOV. ADEOD. ET MAR. THERES.

CHRIST. PACIF. AVGG. OPTI. MAX.

ORBE. NVPTIIS. PACAT. VRBE. ADVEN. REG.

VOTIS PVBLIC. VOTIS ÆTERNIS.

SVMMA. OMNIV. ORDIN. ALACRIT. SVSCEP.

D.N.M.Q. EOR. CIVES. PARIS. L.M.PP. (3).

(1) Il faut lire ici : 1643. L'arrêt de la Cour rappelle en effet un édit rendu pendant la minorité et au nom de Louis XIV qui ne parvint au trône que le 14 mai 1643.

(2) *Histoire de Paris*, t. V, p. 173.

(3) L'arc de triomphe en question se trouve figuré dans une estampe signée au bas, à gauche, *Iean Marot fecit*, avec l'inscription *Premier Arc de Triomphe à l'entrée du Faubourg sainct Anthoine*, estampe qui fait partie d'une relation contemporaine de cette entrée intitulée : *L'entrée triomphante de leurs Maiestez Lovis XIV, roy de France et de Navarre, et Marie Thérèse d'Autriche, son espouse, dans la ville de Paris capitale de leurs royavmes, au retour de la signature de la paix générale et de leur heureux mariage, le 25 août 1660.* Le tout exactement

Cet arc de triomphe est ainsi mentionné à la p. 20 d'une plaquette du temps intitulée *La description des arcs de triomphe esleués dans les places publiques pour l'entrée de la Reyne... Et l'Ordre que leurs Majestez obserueront dans leur marche depuis Vincennes jusques au Louure (Paris, J. B. Loyson. 1660, 24 p. in-4°)* : « La seconde (porte), qui est cet Arc de Triomphe si superbe et si magnifique d'vne hauteur à perte de vëue, est embelie de trois portes, une grande au milieu, et deux plus petites aux deux costez pour faciliter l'entrée de la Cour qui doit estre extraordinairement nombreuse : sur les quatre colomnes de ce superbe bastiment seront posées quatre figures qui représentent les quatre Vertus Cardinales, la Prudence, la Iustice, la Force et la Temperance : Ses enfoncemens seront enrichis de decorations magnifiques qui representeront les batailles et les victoires de Lovis XIV auec plusieurs trophées : Du faiste de cette Machine cent drappeaux déployez sortiront, et dans les estages inferieurs la Musique aura sa place, aussi bien que les tambours, les trompettes, les fifres, et tout ce qui pourra contribuer au diuertissement. »

1664 — Le 9 août 1664 le cardinal Flavio Chigi, neveu du pape Alexandre VII et son légat *a latere*, arrivé à Paris et descendu au palais Mazarin depuis l'avant-veille (7 août), fit son entrée solennelle dans Paris. On trouve à ce sujet dans le *Recueil des nouuelles ordinaires et extraordinaires, relations et recits des choses avenues, tant en ce royaume qu'ailleurs, pendant l'année mil six cent soixante-quatre (Paris. Du Bureau d'Adresse, aux Galleries du Louvre. 1665, in-4°)* n° 97, de la p. 790 à la p. 795, sous le titre *L'entrée à Paris dv cardinal Chigi, légat en France* (1), une description détaillée des cérémonies qui eurent lieu à cette occasion à l'abbaye de Saint-Antoine.

« Le 8 de ce mois, le Sieur de Saintot Maistre des Cérémonies, porta des Lettres de Cachet au Parlement, à la Chambre des Comptes, à la Cour des Aydes, et à la Cour des Monnoyes, par lesquelles Sa Majesté leur ordonnoit d'aller complimenter le Cardinal Légat en l'Abbaye de S. Antoine des Champs. Il porta aussi de pareilles Lettres au Chastelet, à l'Hôtel de Ville, à l'Election, et à l'Vniversité qui eut ordre de se trouver sur les degrez de l'Eglise des Filles de Sainte Marie de la rüe S. Antoine.

« Cependant, tout ayant esté disposé pour l'Entrée, le lendemain qu'on avoit choisi à cet effet, la cour de ladite Abbaye de S. Antoine, se trouva tendüe des Tapisseries de la Couronne,

recueilly par l'ordre de Messieurs de Ville. *Paris, Pierre le Petit, 1662, gr. in-fol.,* 18 fig. par Chauveau d'après J. Marot, Albert Flamen et Le Pautre, et le frontisp. gr. par Chauveau. Texte de Jean Tronçon, avocat au Parlement. Portr. de Louis XIV, gr. par Poilly, d'après Mignard. « Le premier arc qui se presente a l'entrée de ce fauxbourg (lit-on dans cette description) vis-à-vis l'Abbaye de Saint Anthoine a esté conduit par le sieur Meslin ; et il n'est pas moins recommandable par son Architecture reguliere non pas seulement feinte sur la toille, comme il se pratique en de pareilles occasions, mais taillée de relief selon l'ordre dorique ; que par vne grandeur si surprenante que bien loin de pouuoir estre comparé à tout ce que la France a veu jusques à present, il le peut disputer aux plus grands dont l'antiquité nous ait laissé des restes. Aussi auoit-il dix thoises de face sur huit de hauteur, et bien que basty dans le milieu d'vne rüe, il ne laissoit d'estre isole de tous costez, en sorte qu'il formoit cinq grandes ouuertures pour le passage : deux entre ses extremitez et les maisons, et les trois autres entre les six colomnes qui costoyoient les trois portiques de ce superbe bastiment. »

(1) Cette relation a été réimprimée presque en entier sous le titre de *La Ceremonie faite a Paris à l'Entrée de Monseigneur l'Eminentissime Cardinal Legat en France* (s. l. n. d., 4 p. in-8°). V. le catal. de la Biblioth. nation., t. II, p. 229, n° 3,512.

avec vn Haut Dais de velous violet semé de Fleurs de Lys d'or, à grandes crespines de mesme, et dressé au-dessus d'vne Estrade de deux degrez, couvert de tapis de Turquie, au milieu de laquelle estoit vn Fauteüil, et vn carreau, pareillement de velous violet.

« Cette cour estoit, aussi, environnée d'Amphitéatres couverts de tapisserie, et l'Eglise, et les Chambres destinées pour le Cardinal Légat, superbement ornées : de mesme que la Cathédrale, où il devoit estre reçeu, et les ruës de son passage, que chacun, par vne belle émulation, avoit pris soin de parer de ce qu'il avoit de plus beau, avec de semblables Amphi-téatres : tellement que l'Appareil avoit tout l'éclat, et toute la pompe de celui des Triomphes.

« A la pointe du jour, deux Compagnies du Régiment des Gardes François, allèrent se poster en ladite Abbaye, pour en tenir les avenuës libres : et six autres du mesme Régi-mēt, et deux de celui des Süisses, furent s'emparer, aussi, de celles de l'Église Nostre-Dame : où se trouva, pareillement, la Compagnie des Gardes du Grand Prévost de l'Hôtel.

« Son Eminence estant sortie fort matin du Palais Mazarin, dans les carrosses du Roy, accompagnée des Sieurs de Berlize, et de Bonneüil, Introducteurs des Ambassadeurs, se rendit au Convent des Pénitens Religieux de Picpus : où Elle fut receuë dans le Cloistre, par le Provincial (1), à la teste de la Cōmunauté, et condüite en vn Appartement qu'on lui avoit préparé.

« En mesme temps, ledit Sieur de Berlize vint prendre le Comte d'Harcourt, pour aller accompagner Son Eminence jusques en l'Abbaye de Saint-Antoine : où Elle arriva sur les dix heures, avec ce Prince, les Introducteurs, les Prélats, et autres de sa Süite, et fut receüe à la porte, par des Religieux qui la condüisirent dans l'Eglise : les Religieuses chantans, cependant, vn Motet, à la fin duquel Son Eminence leur donna la Bénédiction.

« Ensüite, Elle disna en cette Abbaye, et sur le midy, se plaça sous le Haut-Dais, vestüe d'vne Soûtane de tabis rouge, avec vn Surplys, et le Camail par dessus, le bonnet rouge en teste : estant accompagnée du Duc de Montausier, des Introducteurs, et de cinq Prélats de la Légation, en Camail, Rochet, et Mantelet, avec Porte-Croix, et environnée de la Noblesse qui estoit venüe avec Elle.

« En cet ordre, Elle reçeut les Processions de tout le Clergé Régulier et Séculier, à qui Elle donna la Bénédiction, tous les Religieux, et les Prestres s'estans inclinez à mesure qu'ils passoyent, en baissant leur Croix : ce qui dura deux heures, à cause du grand nombre de ces Cōmunautez, et de la quantité de Religieux, et d'Ecclésiastiques dõt chacune estoit composée.

« Apres ces Processions, le Prévost des Marchands (2), et les Echevins, avec les Conseillers, Quarteniers, et autres Officiers de la Ville, arrivèrent à cheval, en robes de cérémonies, pré-cédez par leurs 3oo Archers, devancez des Cornettes, et Guidons, et commandez par le Sieur Droüard leur Colonel.

---

(1) *Provincial*, supérieur d'une province ou réunion de plusieurs couvents du même ordre.
(2) Daniel Voisins, prévôt des marchands, de 1662 à 1663.

« Le Prévost des Marchands estant descendu, avec les Echevins, dans la première cour de l'Abbaye, il alla faire son Compliment en François, à la teste de tout le Corps, présenté par le Sieur de Saintot : et le Cardinal Légat qui l'entendit couvert et assis, ayant répondu en termes tres obligeans, ils se retirèrent à la Porte S. Antoine, pour l'y attendre.

« Alors, les Députez du Parlement vinrent, précédez de plusieurs Huissiers, et de la Compagnie du Lieutenant Criminel de Robe Courte, et suivis de celle du Prevost de l'Isle, leurs Officiers en teste : et apres que ces deux Troupes à cheval, eurent passé devant le Cardinal Légat, le Parlement monta sur l'Estrade, et Son Eminence qui s'estoit levée, et découverte, lui donna la Bénédiction. En mesme temps, le Sieur de Lamoignon, Premier Président de cet auguste Corps, fit son Compliment en Latin, qu'Elle entendit assise, et découverte, et y répondit en la mesme Langue : ensüite dequoy, Elle se leva, derechef, et lui donna vne seconde Bénédiction.

« La Chambre des Comptes vint apres, devancée par ses Huissiers, et grand nombre d'Archers de la Ville : et le sieur Nicolaï son Premier Président fit, aussi, sa harangue en Latin, et Son Eminence y répondit en la mesme manière.

« La Cour des Aydes, qui estoit précédée de ses Huissiers, et d'vne Compagnie d'Archers à cheval, s'estant, ensuite, présentée, le Sieur Amelot qui en est Premier Président, parla en cette Langue, et Son Eminence le traita, et lui répondit de mesme.

« La Cour des Monnoyes, devant laquelle marchoyent ses Huissiers, et la Compagnie de la Prévosté Générale des Monnoyes, à cheval, s'aquita de ce devoir par la bouche du Sieur de Chauvry Cotignon son Premier Président, qui parla, pareillement, en Latin, et fut reçeu, et entendu de la mesme manière.

« Ensuite de ces Compagnies Souveraines qui furent présentées par le Duc de Montausier, et le Maistre des Cérémonies, le Marquis de Seguier Prévost de Paris, arriva avec le Lieutenant Civil, le Lieutenant Criminel, et plusieurs Conseillers du Chastelet,

« Ils estoyent précédez de grand nombre de Sergens à pied, le Porte-Guidon, et les quatre Maistres de Communauté en teste, et à cheval, des Audianciers revestus de leurs robes et bonnets, et des 12 anciens Sergens, avec leurs Hoquetons en broderie d'or et d'argent, et suivis de la Compagnie des Sergens à cheval.

« Le Sieur Daubray, Lieutenant Civil, ayant fait le compliment en Latin, que le Cardinal Légat entendit assis, et couvert, l'Election vint aussi, lui rendre ses civilitez en la mesme Lägue, par la bouche du Sieur Fournier son Président.

« Enfin, les Evesques du Clergé de France, arrivèrent, et comme ils montoyent sur l'Estrade, Son Eminence marcha trois pas au devant d'eux, et les salüa tous en général, et en particulier : puis l'Archevesque de Roüen (1) porta la parole en Latin, et Son Eminence qui estoit demeurée debout, et découverte, y répondit ainsi qu'aux autres Complimens. »

Le cardinal Légat se retira, après ces réceptions solennelles, dans la chambre de l'abbaye

(1) François de Harlay de Champvalon.

qui avait été préparée pour le recevoir et y resta jusqu'à ce que le sieur de Saintot, le prince de Condé et le duc d'Enguyen, que le roi avait désignés pour l'accompagner, vinssent le chercher en grande pompe, à la tête d'une foule de gentilshommes de leurs maisons, et lui fissent escorte à son entrée dans Paris par la porte Saint-Antoine.

1666. — On conservait dans l'abbaye de Saint-Antoine-des-Champs une relique de ce saint provenant de l'abbaye de Saint-Antoine de Vienne en Dauphiné, maison mère de l'ordre religieux de Saint-Antoine, où se trouvait le tombeau de ce pieux anachorète : cette relique passa pour avoir guéri miraculeusement une religieuse en 1666. M. de La Brunetière, vicaire général, fit chanter un *Te Deum* à cette occasion le 3o septembre de cette même année (1).

1673. — En janvier 1673, Louis XIV accorda par lettres patentes douze étaux de boucherie à l'abbaye de Saint-Antoine. Cette boucherie, dite *Boucherie neuve*, pour la distinguer de celle qui avait été ouverte par cette abbaye en 1643, au coin des rues de Montreuil et du Faubourg Saint-Antoine, était située vis-à-vis de la Bastille, à l'entrée de la rue du Faubourg Saint-Antoine, et se voit sur les plans de Paris de Bernard Jaillot (1713) et de Jean de La Caille (1714).

1681. — Madeleine II Molé, abbesse de Saint-Antoine, étant morte le 28 avril 1681, sa sœur puînée Françoise Molé, ancienne religieuse de l'abbaye royale de Chelles, qui avait été sa coadjutrice pendant vingt-sept ans, fut nommée à sa place et gouverna cinq ans l'abbaye.

1686. — Françoise Molé, abbesse, étant morte le 21 avril 1686, fut inhumée dans le chœur de l'église abbatiale, avec une épitaphe. Son oraison funèbre fut prononcée le 28 avril suivant, dans l'église de Saint-Antoine, par le R. P. J. de la Boissière, prêtre de l'Oratoire (2). L'abbesse défunte fut remplacée par Marie-Madeleine de Mornay de Montchevreuil, fille de Charles et de Madeleine de Lancy-Raray, et sœur d'Henri, marquis de Montchevreuil, qui fut chevalier des ordres du roi.

1716. — Un arrêt du conseil du 28 novembre 1716, nommant des commissaires membres dudit conseil, ayant enjoint aux abbesse et religieuses de l'abbaye de Saint-Antoine, aux propriétaires et aux ouvriers du Faubourg Saint-Antoine, de produire devant les commissaires désignés des titres établissant leurs droits à des privilèges, franchises, exemptions, etc., les intéressés firent rédiger un mémoire justificatif de leurs prétentions (3).

1720. — Le 13 mai 1720, eut lieu à l'abbaye de Saint-Antoine, une procession des esclaves rachetés à Alger par les RR. PP. Mathurins, qui durent aller au-devant d'eux jusqu'à cette abbaye. Une plaquette contemporaine intitulée *Ordre de la procession des esclaves rachetés au Royaume d'Alger, par les Religieux de la Trinité et Redemption des Captifs, dits*

---

(1) *Histoire de la ville et du diocèse de Paris*, de l'abbé Lebeuf (édit. de 1754), t. II, p. 537.

(2) V. le texte original de cette oraison funèbre à la Bibliothèque Mazarine (n° 10370 M).

(3) V. aux Archives (sect. administr. cart. S. 4363) un *Mémoire des dames abbesse et religieuses de l'abbaye Saint-Antoine-des-Champs-lez-Paris, des propriétaires des maisons du faubourg Saint-Antoine, et des pauvres ouvriers qui y travaillent pour satisfaire à l'arrest du Conseil du 28 novembre 1716 qui ordonne à ceux qui prétendent avoir des privilèges, franchises et autres exemptions de la ville et faubourgs de Paris de représenter leurs titres devant messieurs les Commissaires du Conseil nommez par le même Arrest.* (De l'Imprimerie de J. Boüillerot, Pont S. Michel, à l'Écrevisse Royale.) Ce mémoire est signé : M° Busnel, avocat.

Mathurins. Qui se fera le Lundy 13 May 1720, en l'Abbaye Royale de Saint-Antoine, etc. (*De l'imprimerie de Cl. Thiboust.* 1720, in-4, de 8 p.) (1), après avoir énuméré les divers personnages qui devaient y assister, fixe ainsi l'itinéraire de cette procession :

« Le Lundy 13 May, à une heure après midy, la Procession partira de l'Eglise des Mathurins, descendra par la ruë Saint Jacques, entrera dans la ruë des Noyers, gagnera la ruë des Bernardins par celle de Saint Victor, tournera sur le Quay de la Tournelle, passera sur les Ponts, et reprenant l'aile droite du Pont Marie, ira le long du Port gagner la ruë saint Paul, tournera dans la ruë Saint-Antoine, entrera dans le Fauxbourg, le long de la grande ruë, jusqu'à l'Abbaye dudit Saint Antoine.

« Après l'Antienne du Saint chantée, et le compliment fait à Madame l'Abbesse (2) par un Ange, la Procession sortira de l'Abbaye, et suivant la grande ruë du Fauxbourg rentrera dans la ruë Saint Antoine, jusqu'à la ruë Royale, par où elle entrera dans la Place, et tournant vers la droite en fera le tour, reprendra la ruë Saint Antoine, jusqu'à la vieille ruë du Temple, où elle entrera pour gagner la ruë de S. Croix de la Bretonnerie, tournera dans la ruë des Arcis, sur le Pont Notre Dame, dans la ruë Neuve, d'où elle entrera dans l'Eglise Metropolitaine, où sera chantée l'Antienne de la Vierge, après laquelle la Procession sortira par la ruë Neuve, passera par le Marché Neuf, prendra le Pont Saint Michel, suivra la ruë de la vieille Boucleric, tournera dans la ruë Saint Severin, remontera la ruë Saint-Jacques, jusqu'à l'Eglise desdits Religieux Mathurins, où les Captifs seront reçus par le General de l'Ordre, après lui avoir été presentez par l'Ange chargé de lui porter la parole en leur nom ».

1722. — Marie-Madeleine de Mornay de Montchevreuil, abbesse de Saint-Antoine, restaura l'abbaye, tant au spirituel qu'au temporel, en 1722, année où elle mourut, au mois de mars, à l'âge de 86 ans (3).

1723. — Marie-Anne-Gabrielle-Eléonore de Bourbon-Condé, avant-dernière abbesse de Saint-Antoine, princesse du sang, était fille de Louis III, duc de Bourbon-Condé et de Louise-Françoise de Bourbon, dite Mademoiselle de Nantes. Née le 22 décembre 1690, elle prit le voile à l'abbaye de Fontevrault (4), le 20 mai 1706 et y fit profession le 26 mai 1707. Au mois d'octobre 1719 elle fut élue abbesse de Maubuisson (5). Sur son refus de prendre

(1) Le *permis d'imprimer et de colporter* est daté du 10 May 1720 et signé M. P. DE VOYER D'ARGENSON.

(2) Marie-Madeleine de Mornay de Montchevreuil.

(3) V. à la Bibliothèque Mazarine (n° 10370 Z15) la *Lettre funèbre à la mémoire de très noble et très vertueuse dame Marie-Madeleine de Mornay-Montchevreuil, abbesse de l'abbaye royale de Saint-Antoine des Champs lez Paris, ordre de Cîteaux, adressée aux communautez d'hommes et des filles du même ordre, par les dames prieure et religieuses de la dite abbaye.* S. d. (1722), in-4°.

(4) V. sur cette abbaye la note 1 de la page 10.

(5) L'abbaye de Maubuisson (ou Notre-Dame la Royale de Maubuisson) était une célèbre abbaye de religieuses de l'ordre de Cîteaux, fondée en 1236 par la reine Blanche de Castille, mère de saint Louis, sous le nom de *Sainte-Marie-la-Royale*, à Aulnay, près de Pontoise, et transférée depuis, par cette même reine, à Maubuisson (du lat. *malodunum*, mauvais buisson). On lit à ce sujet au f° 12 (verso) des *Mémoires et recherches de la devotion, pieté et charité des illustres Roynes de France,* etc., par Nicolas Houël Parisien (*Paris. Iamet Mettayer.* 1586, pet. in-8°), dans le chapitre intitulé *De la royne Blanche de Castille femme du roy Loys huictiesme mère du roy Sainct Loys* : « Elle fit bastir l'abbaye de Maubuisson pres Pontoise, où fut enterree, et en icelle mit des religieuses de l'ordre de Cisteaux. » Cette abbaye, comblée de biens et de privilèges par ses nombreux bienfaiteurs, devint rapidement

possession de cette abbaye, elle fut nommée abbesse de Saint-Antoine par brevet royal du 9 mai 1723 (1).

1724. — Louis XV accorda, par lettres patentes datées du 8 mai 1724, vingt étaux de boucherie à l'abbaye de Saint-Antoine qui, renonçant d'elle-même au bénéfice de cette concession privilégiée, ne les fit jamais construire.

1725. — Le 22 octobre 1725 eut lieu la procession des esclaves rachetés au Maroc et à Alger, par les Mathurins qui vinrent les chercher à l'abbaye de Saint-Antoine. D'après une plaquette du temps intitulée *Ordre de la procession des esclaves rachetés aux Royaumes de Maroc et d'Alger, par les Religieux Trinitaires ou Mathurins. Qui se fera Lundi 22 Octobre 1725 en l'Abbaye Royale de Saint Antoine*, etc. (*A Paris, chez la V. Lamesle, et P. Delormel*. 1725, 8 p. in-4) (2), la composition et la marche de cette procession furent identiques à celles de 1720, (voir à cette date). Ce fut un nommé Jean François Lartigault qui, selon une note de cet opuscule, joua, à cette occasion, le rôle de l'ange chargé de faire un compliment à « Son Altesse Serenissime Madame l'Abbesse » (3).

1726. — Les revenus de l'abbaye de Saint-Antoine en 1726 sont évalués à 30,000 livres par Dom Beaunier, à la p. 29 du t. I, de son *Recueil historique, chronologique et topographique des archevêchés, évêchés, abbayes et prieurés de France.* (*Paris, Mesnier*, 1726, 2 v. in-4).

1735-1738. — Le 3 mars 1735, l'hôtel de Gournay, situé entre les rues de Charenton et du Faubourg Saint-Antoine, dans le voisinage immédiat de l'abbaye de Saint-Antoine, fut adjugé pour 81,000 livres, à la suite d'une saisie sur son dernier propriétaire, le sieur Richer de Rhôde, et sans aucune opposition de l'abbaye, à un procureur au Parlement, agissant au nom et dans l'intérêt des religieuses de Notre-Dame de la Charité ou Dames de Saint-Michel, arrivées de Guingamp à Paris en 1720, et qui, après s'être fait délivrer des lettres patentes en leur faveur en 1724, avaient fondé dans la rue des Postes, une communauté religieuse qu'elles comptaient transférer dans la nouvelle propriété qu'elles venaient d'acquérir. Or l'hôtel de Gournay avait été élevé par MM. de Gournay et de Saint-Try, sur un terrain de 17 arpents 68 perches contigu à l'abbaye de Saint-Antoine, entre cette abbaye et les Enfants-Trouvés, qui leur avait été vendu par l'abbesse et les religieuses de Saint-Antoine, par contrat daté du 4 avril 1634, sans aucune des formalités exigées en pareil cas, contrat qui avait reçu néanmoins l'approbation de l'abbé de Citeaux le 6 mai 1634, à condition qu'on n'y établirait aucun couvent ou monastère sans sa permission expresse et celle des abbesse et religieuses de Saint-Antoine, condition

une des plus riches de France : ce n'est plus de nos jours qu'une propriété particulière sur le territoire de la commune de Saint-Ouen-l'Aumône (Seine-et-Oise). ·

(1) C'est de cette abbesse que Félibien dit, dans son *Histoire de Paris* (t. I, p. 228) : « L'abbaye est maintenant (1725) sous la conduite d'une princesse de la maison royale, dont la fidelité à suivre les mouvemens de la grace a fait revivre en nos jours les exemples de sacrifices pareils au sien qui ont de tems à autre esté l'objet de l'admiration des gens du siecle, et l'honneur le plus éclatant des cloistres. »

(2) *Permis d'imprimer, d'afficher et colporter, ce 16 octobre 1725*, signé HERAULT.

(3) Madame de Bourbon-Condé.

acceptée par MM. de Gournay et de Saint-Try. | Le 27 mai 1735, l'abbesse et les religieuses de Saint-Antoine, fort alarmées par suite de l'adjudication de l'hôtel de Gournay aux dames de Saint-Michel, les firent assigner au grand conseil, en prétendant que l'abbaye ayant depuis plusieurs siècles la seigneurie d'une grande partie du Faubourg Saint-Antoine, et le terrain en question n'ayant été aliéné qu'à la condition expresse de ne servir à l'établissement d'aucun monastère, deux communautés voisines qui ne seraient séparées que par un mur mitoyen ne pouvant que se faire du tort, ces dames n'avaient pas le droit, au mépris des termes du contrat de vente primitif, de transformer l'hôtel de Gournay, destiné à loger des laïques, en communauté religieuse, au préjudice des droits de l'abbaye de Saint-Antoine. Elles demandaient en outre l'entérinement des lettres de rescision du contrat de vente de 1634 et offraient de rembourser aux dames de Saint-Michel le montant du prix de l'adjudication.

Les dames de Saint-Michel objectèrent vainement que tout propriétaire peut faire usage de son bien comme il l'entend, que l'aliénation de l'enclos de l'hôtel de Gournay avait été faite en 1634 par toute la communauté de l'abbaye de Saint-Antoine assemblée capitulairement, après un procès-verbal *de commodo et incommodo* et avec approbation de l'abbé de Cîteaux, que le remboursement des frais d'achat ne les indemniserait pas de toutes leurs dépenses et que l'abbesse et les religieuses de Saint-Antoine, prévoyant qu'une communauté pourrait vouloir disposer à sa guise d'une propriété libre légalement acquise en y fondant un monastère, devaient la prévenir d'avance, pour l'en empêcher, qu'elle n'en aurait pas le droit. Dès le 10 septembre 1735, les membres du grand conseil avaient tous voté pour l'abbesse et les religieuses de Saint-Antoine, et aucune voix ne s'était élevée en faveur des dames de Saint-Michel. Leur avis unanime fut qu'en exécution de la clause du contrat de 1634, on devait défendre aux religieuses de Saint-Michel de construire un monastère sur le terrain en litige, qu'il fallait en outre, avant de faire droit, mettre en cause l'abbé de Cîteaux, toutes choses demeurant en état, puis entériner les lettres de rescision, rembourser le prix de l'adjudication et, sur les conclusions du procureur général, réunir le terrain en question à perpétuité à l'abbaye de Saint-Antoine.

Le jugement définitif de ce procès qui fut rendu le 4 septembre 1738, donna gain de cause à l'abbesse et aux religieuses de Saint-Antoine : les lettres de rescision du contrat de vente de 1634 furent entérinées et l'abbaye de Saint-Antoine dut rembourser aux dames de Saint-Michel les 81,000 livres, montant du prix de l'adjudication du 3 mars 1735, moyennant quoi le terrain en litige fut réuni à perpétuité à l'abbaye, sur les conclusions du procureur général. Quant aux dames de Saint-Michel, elles furent condamnées aux dépens. Ce jugement se trouve confirmé par le plan géométral manuscrit de l'architecte A. Legendre, levé vers 1740 et conservé aux Archives (Seine, sect. topogr. 11ᵉ cl., n° 18) que nous avons décrit à la p. 5 de la *Topographie de l'abbaye de Saint-Antoine-des-Champs*, où se trouve mentionné l' « Hostel de Gournay appartenant aux Dames ».

Un recueil in-fol. intitulé *Testamens et partages de successions*, conservé à la Bibliothèque Mazarine (n° 3317. R), renferme cinq *Mémoires* relatifs à ce mémorable procès dont les trois premiers en faveur de l'abbesse et des prieure et religieuses de Saint-Antoine, demanderesses, et les deux derniers pour les dames de Saint-Michel, défenderesses (1).

1745. — L'abbaye de Saint-Antoine possédait deux boucheries dans la rue du Faubourg Saint-Antoine : la première, fondée par lettres patentes du 2 mars 1643, vis-à-vis de l'abbaye, à l'entrée de la rue de Montreuil, dont le bâtiment encore subsistant abrite diverses industries, la seconde dénommée *Boucherie neuve*, à l'entrée de la rue du Faubourg Saint-Antoine, non loin de la Bastille, fondée par lettres patentes de janvier 1673. Une sentence de Cl. H. Feydeau de Marville, lieutenant général de police (2), en date du 6 juillet 1745, confirme les privilèges de ces deux boucheries monopolisées au profit de l'abbesse et des religieuses de Saint-Antoine, en faisant défenses expresses « à toutes sortes de personnes de vendre, colporter ni débiter aucune viande de boucherie dans le fauxbourg Saint-Antoine, ailleurs que dans les deux boucheries à ce destinées; et aux propriétaires et principaux locataires de souffrir qu'il en soit vendu dans aucun lieu de leurs maisons, à peine d'amende et de confiscation de marchandises ».

1749. — En 1749, les privilèges des dames de Saint-Antoine ayant été contestés, celles-ci firent dresser un mémoire pour établir la parfaite authenticité des susdits privilèges. Ce mémoire signé Severt (rapporteur), Delambon (avocat), Livoire (procureur) et intitulé *Mémoire signifié pour les prieure et religieuses de l'Abbaye Royale de Saint Antoine des Champs, appellantes de sentences par défaut rendues en la Chambre du Domaine de Paris, contre Laurent Charron, écuyer conseiller du Roy, Receveur Général des Domaines de la Ville et généralité de Paris* (3), nous apprend, entre autres particularités, que l'abbaye de Saint-Antoine avait toujours été noble parce que de tout temps il en était relevé des fiefs nobles *tenus par foi et hommage de leur église* qui s'en faisaient devant la grille même de l'abbaye et de plus qu'elle avait droit de haute, moyenne et basse justice comme étant d'origine noble et de fondation royale.

(1) 1° Mémoire pour Madame Marie-Gabrielle-Éléonore de Bourbon-Condé, Abbesse, et les Prieure et Religieuses de l'Abbaye Royale de S. Antoine des Champs lès Paris, Demanderesses. Contre les Religieuses de Saint-Michel, Deffenderesses. *(De l'Imprimerie de la Veuve Paulus-Du-Mesnil)*. 8 p. in-f° signées : M° Cochin, Avocat.

2° Second mémoire pour Madame Marie-Gabrielle-Éléonore de Bourbon-Condé, Abbesse, et les Prieure et Religieuses de l'Abbaye Royale de S. Antoine des Champs lès Paris, Demanderesses. Contre les Religieuses de Saint-Michel, Deffenderesses. *(De l'Imprimerie de la Veuve Paulus-Du-Mesnil)*. 6 p. in-f° signées : M° Cochin, Avocat. Brunet, Procureur.

3° Mémoire signifié pour madame Marie Gabrielle Éléonore de Bourbon-Condé, abbesse, et les Prieure et Religieuses de l'Abbaye Royale de S. Antoine des Champs lez Paris. Contre les Religieuses de S. Michel. *(De l'Imprimerie de la Veuve Paulus-Du-Mesnil)*. 10 p. in-f° signées : Lambert, Rapporteur. M° Cochin, Avocat. Brunet, Procureur.

4° Mémoire signifié pour les Dames Religieuses du monastere de Saint-Michel, de l'ordre de Saint-Augustin, Défenderesses. Contre Madame Marie-Éléonore de Bourbon-Condé, Abbesse, et les Prieure et Religieuses de l'Abbaye Royale de Saint-Antoine des Champs lès Paris, Demanderesses. Et contre M. l'abbé de Cîteaux, intervenant. *(De l'imprimerie de Montalant. 1738)*. 24 p. in-f° signées : Monsieur Lambert, rapporteur. M° Paillet des Brunières, avocat. Foisy, procureur.

5° Réplique signifiée pour les Dames Religieuses de Saint-Michel. Contre Madame l'Abbesse et les Prieure et Religieuses de Saint-Antoine. *(De l'imprimerie de Montalant. 1738)*. 12 p. in-f° signées : Lambert, rapporteur. M° Paillet des Brunières, avocat. Foisy, procureur.

(2) *De l'imprimerie de P. J. Mariette, imprimeur de la Police.* (V. aux Archives, sect. administr., cart. S. 4363).

(3) *De l'imprimerie de la V. Delormel, rue du Foin. 1749.* (V, aux Archives, sect. administr., cart. S. 4367).

1760. — Marie-Anne-Gabrielle-Éléonore de Bourbon-Condé, abbesse de Saint-Antoine, étant morte le 28 août 1760, à l'âge de soixante-neuf ans et huit mois, au prieuré royal de la Saussaye (1), son corps fut transporté dans l'abbaye de Saint-Antoine où elle fut enterrée le 3 septembre de la même année. Elle fut remplacée, par brevet royal du 29 septembre 1760, par Madame la princesse Gabrielle-Charlotte de Beauvau-Craon, dernière abbesse de Saint-Antoine, fille de Marc de Beauvau, prince de Craon, et d'Anne-Marguerite de Lignéville. Née le 29 octobre 1724, elle avait été chanoinesse de Remiremont et avait pris le voile dans l'abbaye de Juvigny, en Luxembourg.

Les religieuses de l'abbaye de Saint-Antoine, prenaient des pensionnaires. En 1760, le prix ordinaire de la pension était de 400 livres. Chaque pensionnaire était tenue de fournir un lit, un trousseau, une voie de bois, etc. Le blanchissage de gros était à la charge de l'abbaye et celui de fin à la charge des parents. Il n'y avait, à cette époque, de logements que pour vingt et une pensionnaires. Pour faire partie de la communauté, il fallait postuler six mois et faire une année de noviciat revenant, avec la prise d'habit, à la somme de 800 livres. La dot était de 4,000 à 6,000 livres, selon les aptitudes des sujets qui se présentaient. En 1760, il n'y avait que vingt-six religieuses et quelques sœurs converses. Pour les personnes qui voulaient entrer dans l'abbaye, pour y vivre retirées du monde, le prix de la pension était fixé à cette époque, à 550 livres; celles d'entre elles qui voulaient une femme de chambre étaient tenues de payer 350 livres en plus. Le prix du loyer des logements variait de 150 à 1200 livres (2).

1761. — Le 24 janvier 1761, la princesse Gabrielle-Charlotte de Beauvau-Craon, abbesse, prit possession de l'abbaye de Saint-Antoine dont elle devait être dépouillée par la Révolution en 1790.

1767-1770. — De 1767 à 1770, les bâtiments de l'abbaye furent entièrement reconstruits et l'église abbatiale fut restaurée d'après les dessins et sous la direction de l'architecte Lenoir le Romain.

1768. — Marie-Thérèse-Louise de Savoie-Carignan, de la famille royale de Sardaigne, avait épousé en janvier 1767, Louis-Auguste-Alexandre-Joseph-Stanislas de Bourbon-Penthièvre, prince de Lamballe, fils du duc de Penthièvre, qui mourut le 7 mai 1768, à l'âge de vingt ans, après quinze mois de mariage. « Elle passa la première année de son veuvage à l'Abbaye de S^t. Antoine; elle y admit dans son intimité plusieurs demoiselles qui s'y trouvaient en même tems comme pensionnaires; elle ne cessa pas depuis de leur témoigner dans le monde le même intérêt et les mêmes bontés (3). » La princesse de Lamballe devint ensuite surintendante de la maison de la reine Marie-Antoinette et fut massacrée à la prison de la Force, le 3 septembre 1792. (V. plus loin à cette date).

1776. — L'abbesse et les religieuses de Saint-Antoine aliénèrent en 1776 tout le

(1) V. sur ce prieuré la note 2 de la page 10.
(2) V. l'*État ou tableau de la ville de Paris*, par de Jèze, avocat, (Paris, 1760, in-8°) pages 169, 285 et 375.
(3) *Dernier tableau de Paris, ou récit historique de la Révolution du 10 août 1792*, par J. Peltier, de Paris. (Londres, 1794, in-8°) t. II, p. 211.

terrain nécessaire à l'établissement d'un marché et à l'ouverture de cinq rues adjacentes : la contenance de l'enclos de l'abbaye subit une notable diminution au sud-ouest, par suite de cette aliénation (1).

1777. — En 1777, le prix de la pension à l'abbaye de Saint-Antoine était de 4 à 500 livres, et le nombre des pensionnaires se trouvait fixé à vingt et une comme en 1760. (V. à cette date). L'*Almanach dauphin ou Tablettes royales du vrai mérite des artistes célèbres et d'indication générale*, etc., (année 1777, in-8°) qui nous fournit ces précieux renseignements, ajoute au sujet des *Maisons conventuelles pour les dames et demoiselles* dont faisait partie l'abbaye de Saint-Antoine : « Maisons particulières où des Dames Religieuses se sont destinées à l'éducation des jeunes Demoiselles qui leur sont confiées par leurs parens : elles apprennent dans ces Maisons à lire, écrire, broder, la danse, la musique, et tout ce qui fait partie d'une éducation distinguée. Les dames qui veulent mener une vie privée, y sont également admises, et jouissent de la liberté de sortir lorsqu'il leur plaît. »

1785. — Le 17 octobre 1785 eut lieu une procession des esclaves rachetés par les RR. PP. Mathurins et les RR. PP. de Notre-Dame de la Merci qui vinrent les chercher à l'abbaye de Saint-Antoine, pour les conduire en grande cérémonie à Notre-Dame.

Une grossière vue d'optique coloriée du temps, d'une extrême rareté, qui fait partie de la curieuse collection iconographique sur Paris de mon père, M. Alfred Bonnardot, représente *L'Ordre et la Marche de la procession des Captifs François rachetés par les 2 ordres de la Redemption scavoir celui des Chanoines Reguliers de la Sainte Trinité dit Mathurins et celui de Notre Dame de la Mercy sortant de l'Abbaye de St. Antoine pour se rendre en l'Eglise Cathedrale de Notre Dame de Paris, le 17 octobre 1785. (A Paris, chez J. Chereau, rue S^t. Jacques)*. Comme nous n'avons pas cru devoir la faire reproduire par la photogravure, à cause du coloris et de l'inexactitude des localités, nous nous contenterons de la décrire. La procession vient de sortir de la porte de l'abbaye consistant en une grille à écusson fleurdelisé avec une couronne décorée d'une croix à son sommet, marques distinctives des abbayes de fondation royale. En tête de la procession qui s'engage dans la rue du Faubourg Saint-Antoine s'avancent les captifs rachetés; chacun d'eux a les mains liées par un ruban dont les extrémités sont tenues par deux jeunes enfants ailés, figurant des anges, couronnés de fleurs et munis de

---

(1) V. aux Archives (sect. administr., cart. S. 4368) un mémoire manuscrit en faveur de l'abbaye de Saint-Antoine, sur le projet d'établissement d'un marché dans le faubourg Saint-Antoine et un plan et toisé du nouveau marché Saint-Antoine (Archives, sect. topogr. IIe cl. n° 19), dressé par Pierre-Antoine Rivière, géomètre-ingénieur, géographe des domaines du roi, etc., représentant le terrain vendu par l'abbaye pour l'établissement du marché et de ses abords, le 27 avril 1776, à M. Chomel de Seriville, avocat au Parlement. Des lettres patentes du 17 février 1777, autorisèrent l'ouverture de ce marché construit en 1779, sur les dessins de l'architecte Lenoir le Romain. Un arrêt du Conseil du 8 janvier 1780, dénomma le marché et la place qui l'entoure, *marché et place du Marché de l'abbaye Saint-Antoine*. Ce marché prit ensuite le nom de *Beauvau*, en l'honneur de la princesse de Beauvau-Craon, dernière abbesse de Saint-Antoine. Les cinq rues adjacentes au marché avaient reçu les dénominations d'Aligre, Beauvau, Cotte, Lenoir et Trouvée, par l'arrêt du Conseil du 8 janvier 1789. La rue de Beauvau a reçu depuis le nom de Beccaria, en souvenir de ce célèbre criminaliste italien. Le marché Beauvau fut concédé à la ville de Paris par décret impérial du 30 janvier 1811.

petits drapeaux en signe d'allégresse. Les membres du clergé, avec croix et bannières, ferment la marche du cortège. Un détachement de gardes françaises escorte la procession et maintient le bon ordre en contenant la foule des curieux. Toutes les fenêtres des maisons voisines de l'abbaye, sur le passage du cortège, sont garnies de spectateurs.

1790. — Un décret de l'Assemblée nationale du 13 novembre 1789, ayant ordonné que « tous les titulaires de bénéfices, de quelque nature qu'ils soient, et tous Supérieurs de Maisons et Établissemens Ecclésiastiques, sans aucunes exceptions, seront tenus de faire, sur papier libre et sans frais, dans deux mois pour tout délai, à compter de la publication dudit décret, pardevant les juges royaux ou les officiers municipaux des lieux, une déclaration détaillée de tous les biens mobiliers et immobiliers dépendans desdits bénéfices, maisons et établissements, ainsi que de leurs revenus, et de fournir, dans le même délai, un état détaillé des charges dont lesdits biens peuvent être grevés », André Guibout, négociant, fondé de la procuration générale et spéciale de Madame Gabrielle-Charlotte de Beauvau-Craon, abbesse de Saint-Antoine-des-Champs, déclara, le 28 février 1790, par-devant Barthélémi Jean-Louis Le Couteulx de la Moraye, lieutenant de maire de la Ville de Paris, conseiller administrateur (1), en exécution du décret précité, que les revenus de l'abbaye, composée de vingt-quatre religieuses de chœur et de onze sœurs converses, se montaient à 75,285 liv. 15 s. 2 den., se décomposant ainsi :

Cens et rentes du faubourg Saint-Antoine. . . . . 12,954 l. 5 s. 2 den.
Loyer des maisons de Paris. . . . . 16,466 l. » »
Loyer des étaux de boucherie. . . . . 3,680 l. » »
Redevances en grains. . . . . 800 l. » »
Lods et ventes à Paris et à Montreuil. . . . . 24,200 l. » »
Rentes viagères. . . . . 1,400 l. » »

Les charges de l'abbaye s'élevaient, à la même époque, à 32,119 liv. 12 s. 10 den., ainsi constituées :

Cens et rentes foncières. . . . . 179 l. 12 s. 1 den.
Rentes perpétuelles. . . . . 224 l. » »
Rentes viagères. . . . . 4,860 l. » »
Charges de la maison, telles que décimes, honoraires du médecin, du chirurgien, etc. . . . . 26,845 l. 19 s. 9 den.
Montant des dettes actives de l'abbaye, au 1er janvier 1790. . . 37,635 l. 5 s. »
Total des dettes passives à la même époque. . . . . 115,830 l. 15 s. »
Dettes réelles de l'abbaye. . . . . 78,195 l. 10 s. (2).

(1) V. aux Archives nationales (sect. administr., cart. S. 4358).

(2) Dans un *Tableau général des produits et charges des biens des religieuses, établies à Paris, dressé par la Municipalité, dans son Département Du Domaine, pour les Déclarations du Clergé* (de l'Imprimerie de Lottin l'aîné, et Lottin de S.-Germain, Imprimeurs Ordinaires de la Ville, 1790), où figure l'abbaye de Saint-Antoine (Déclaration, n° 1541), le nombre des religieuses professes s'élève à vingt-cinq, et celui des converses à treize. Le total des revenus de l'abbaye se monte exactement à la même somme que celle portée dans la déclaration d'André Guibout, mais

A la suite de cet état manuscrit, on lit cette déclaration : « A l'égard des meubles, argenterie, ornements de l'église et autres effets à l'usage de ladite Abbaye, le tout est énoncé en un État représenté par mondit Guibout, qui l'a certifié véritable et qui à sa réquisition est demeuré après avoir été de lui paraphé. »

1791. — Une loi, en date du 4 février 1791, transforma l'église abbatiale de Saint-Antoine, après la suppression de l'abbaye, en église paroissiale avec une circonscription qui allait de la Barrière du Trône à la Râpée, de la Râpée à la rue des Fossés-Saint-Antoine (boulevard de la Contrescarpe), de cette rue à la place de la Bastille et de la susdite place à la Barrière du Trône.

1792. — La princesse de Lamballe, ayant été massacrée à la prison de la Force, le 3 septembre 1792, « vers midi, on détermina de lui couper la tête, et de la promener dans Paris. Ses autres membres dispersés furent également livrés à une troupe de cannibales, qui les traînèrent dans les rues. Sa tête fut portée d'abord à l'Abbaye St. Antoine, où elle avait passé quelque temps. On la présenta à Madame de Beauvau ci-devant abbesse de cette abbaye, et l'amie particuliere de Madame de Lamballe (1). »

1795. — Le 17 janvier 1795 (28 nivôse, an III), fut décrétée par la Convention nationale la transformation en hôpital de l'ancienne abbaye de Saint-Antoine. Nous reproduisons ici *in extenso*, d'après le *Journal des débats et des décrets*, (T. XXVIII, n° 846, p. 393 et suiv.) le texte de ce décret rendu sur le rapport de Bô, représentant du peuple, au nom du comité des secours publics, dans la séance de la Convention nationale du ortidi 28 nivôse, l'an troisième de la République Française (17 janvier 1795.)

« La Convention nationale, après avoir entendu le rapport de ses comités des secours publics et des finances, réunis, décrète ce qui suit :

Art. I. Les ci-devant maisons hospitalières sises à Paris, rue Mouffetard, place de l'Indivisibilité (2), rue de la Roquette (3), et dans la commune de Mandé (4), sont supprimées.

II. Les ci-devant religieuses attachées à ces différentes maisons, recevront, à compter du jour de leur suppression, le traitement fixé par les décrets des mois d'octobre 1790 et août 1792.

III. Les infirmes qui occupent des lits dans les maisons ci-dessus désignées, en y payant pension, ont la faculté d'entrer, aux mêmes conditions, dans un hospice de bienfaisance nationale.

les chiffres diffèrent dans le détail des articles. Le total des charges de ladite abbaye, non comprises les pensions des religieuses, y est évalué à 32,155 l. 11. s. 10 d., chiffre un peu plus élevé que celui réellement déclaré par le fondé de pouvoir de Madame de Beauvau-Craon, abbesse de Saint-Antoine : cette différence provient de l'augmentation portée au tableau de la Municipalité aux deux articles *rentes perpétuelles* (260 L.) et *charges éventuelles* (26,855 l. 19 s. 9 d.)

(1) T. II, p. 307, du *Dernier tableau de Paris*, etc., par J. Peltier, de Paris. (Londres, 1794, in-8°.)

(2) Place Royale dite depuis des Vosges.

(3) Les *Hospitalières de la Roquette*, couvent et hôpital, fondé en 1639 par les religieuses hospitalières de la Charité Notre-Dame de la place Royale.

(4) Saint-Mandé.

IV. Les infirmes et indigens traités gratuitement dans les maisons supprimées, seront placés convenablement, suivant leur état d'infirmité, dans les hospices nationaux.

V. Pour remplacer les hospices supprimés par le présent décret, et pour favoriser particulièrement l'évacuation des lits encombrés dans le ci-devant hôtel-dieu, il sera établi deux nouveaux hospices d'humanité, un à la ci-devant maison Beaujon (1), l'autre dans le bâtiment neuf de l'abbaye Antoine.

VI. D'après les localités, l'hospice Beaujon contiendra quatre-vingts lits ; celui de l'abbaye Antoine cent soixante.

VII. Dans les mêmes vues de bienfaisance, l'hospice Jacques (2), qui ne contient que quarante lits, sera porté à quatre-vingts.

VIII. La commission des secours publics se concertera avec celle des domaines nationaux, pour presser l'inventaire du mobilier des maisons supprimées, et se faire remettre les meubles et effets propres au service des hospices d'humanité.

« Le présent décret sera envoyé à la commission des secours publics, et à celle des domaines nationaux de Paris ».

1796. — L'église abbatiale de Saint-Antoine et la chapelle Saint-Pierre, supprimées dès 1790, furent vendues le 3 vendémiaire an V (24 septembre 1796) puis détruites de fond en comble.

1798. — Le 17 juillet 1798 (19 messidor an VI) les terrains provenant de l'enclos de l'abbaye de Saint-Antoine furent aliénés en cinq lots et sur leur emplacement s'est élevé depuis tout un quartier dont font partie les rues de Chaligny, de Cîteaux et Crozatier et le boulevard Diderot anciennement Mazas.

(1) La maison Beaujon, construite en 1785, pour le compte de Nicolas Beaujon, fermier général, par l'architecte Girardin, et destinée dans l'origine à recevoir vingt-quatre orphelins des deux sexes, s'appela primitivement *hôpital Saint-Nicolas*, du prénom de son fondateur. Elle prit le nom d'*hôpital du Roule*, par suite du décret de 1795. On l'a appelée depuis *hôpital Beaujon*, en souvenir de ce riche financier.

(2) Hospice Saint-Jacques-du-Haut-Pas, de nos jours *hospice Cochin*, pour honorer la mémoire de M. Cochin, ancien curé de Saint-Jacques-du-Haut-Pas, qui l'avait fondé en 1780.

VUE GÉNÉRALE DE L'ABBAYE ROYALE DE SAINT-ANTOINE-DES-CHAMPS, EN 1481,
d'après un dessin conservé aux Archives.

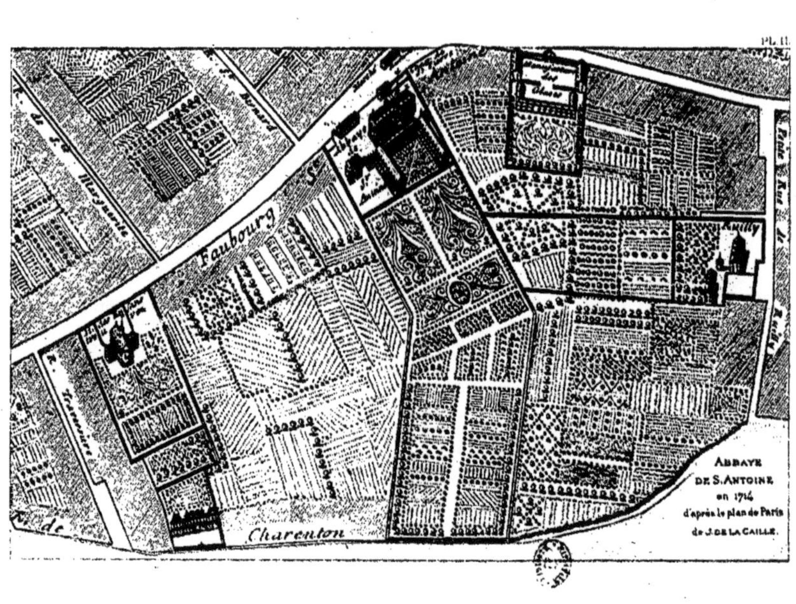

Faubourg
Charenton
Reuilly
ABBAYE
DE S. ANTOINE
en 1714
d'après le plan de Paris
de J. DE LA CAILLE.

VUE EXTÉRIEURE DE L'ÉGLISE ABBATIALE DE SAINT-ANTOINE
VERS 1650.
d'après une estampe du temps.

TOMBEAU DE JEANNE ET BONNE DE FRANCE,
FILLES DE CHARLES V.
DANS L'ÉGLISE DE L'ABBAYE DE SAINT ANTOINE.
d'après un dessin de la collection de M. ALBERT LENOIR.

BÉNÉDICTION SOLENNELLE DE MADAME MADELEINE MOLÉ, ABBESSE,
LE 12 FÉVRIER 1653, DANS L'ÉGLISE DE SAINT-ANTOINE,

d'après une gravure de la Bibliothèque de la Ville.

APPENDICE

U xiiᵉ au xviiiᵉ siècle l'abbesse et les religieuses de Saint-Antoine possédèrent, en dehors de l'enclos de leur abbaye, soit en toute propriété, soit à titre de cens ou d'usufruit, un grand nombre de maisons dans Paris qui leur avaient été données ou léguées, à diverses époques, par de généreux donateurs, situées dans les rues (ou quartiers) dont la liste va suivre (1). Pour les dénominations de ces rues (ou quartiers) provenant du Cartulaire de l'abbaye de Saint-Antoine conservé aux Archives nationales (LL. 1595) nous avons jugé utile de reproduire en note, pour l'édification du lecteur, leur nomenclature latine extraite de ce Cartulaire.

Ces maisons étaient situées : cul-de-sac d'Agnès la Buschère ou la Huschère (rue Sainte-Croix-de-la-Bretonnerie)(2) — rue d'Aligre — rue d'André Malet (rue du Coq-Saint-Jean) (3) — à l'Apport-Paris dit aussi Marché de l'Apport ou de la Porte de Paris, au delà de la rue Pierre-à-Poisson (4) — rue Aubry-le-Boucher — rue des Barres — à la porte Baudoyer (rue Saint-Antoine) (5) — rue de Bercy — rue des Boudonais (Bourdonnais)(6) — rue Boutebrie — rue de la Calandre, dans la Cité (7) — dans la Cavaterie au Saveterie (rue Saint-Éloi, dans la Cité) (8) — rue des Charbonniers — rue de Charenton — rue de Charonne — rue de la

---

(1) V. aux Archives nationales (Cartulaire de l'abbaye, des xiiiᵉ et xivᵉ siècles, LL. 1595. — Sect. administr., 27 cartons et 22 registres, de S. 4357 à S. 4405. — Sect. histor., 2 cartons, L. 1014 et L. 1015). — Autres pièces' ibid., concernant l'abbaye de Saint-Antoine, cotées K. 181 et K. 191, Z¹. 2716 et H. 3859 à H. 3893.

(2) Ruella defuncte Agnetis Bucherie, videlicet in ruella que est sine capite.

(3) Vicus Andriu Malet.

(4) Ad portam Parisius super quadam petra ubi venditur piscis.

(5) Porta Bauderi.

(6) Vicus aus Boudonais.

(7) In Civitate in vico de Kalendra.

(8) In Cavateria.

Charonnerie (rue de la Ferronnerie) — rue de Charrori ou Charrauri (rue de Perpignan) dans la Cité (1) — rue de Charteron ou Chartron (rue des Mauvais-Garçons-Saint-Jean), près de l'hôpital Saint-Gervais (2) — rue du Château-Festu (rue Saint-Honoré, de la rue de l'Arbre-Sec à la rue Tirechape) (3) — place aux Chats (cul-de-sac des Bourdonnais), près des Halles, au coin de la Ferronnerie, en face du Cimetière des SS. Innocents (4) — rue du Cimetière Saint-Jean — rue Cloche buef (Cloche-perce), près de la rue Saint-Antoine (5) — rue du Cloître Saint-Merri (6) — au Clos Brunel ou Bruneau (7) — rue du Clos Mauvoisin (8) — rue aux Coiffières ou de la Coifferie, près de la Grève (9) — rue de la Coçonnerie (Cossonnerie) aux Champeaux (10) — rue Cotte — rue de la Coutellerie — à la Croix du Trahoir — dans l'Escorcerie (l'Écorcherie), près du bord de la Seine (rue de la Vieille-Lanterne) (11) — rue des Écouffes (12) — rue des Écrivains (13) — rue des Étuves, près des Cordeliers — rue du Faubourg Saint-Antoine — rue de la Forenerie (Ferronnerie) (14) — rue du Four Saint-Merri (rue Neuve Saint-Merri ?) (15) — rue du Grand-Chantier — rue de la Grande-Boucherie (rue Saint-Jacques-la-Boucherie) (16) — place de Grève — rue Guillaume Josse (rue des Trois-Maures) dans la Corroirie de Paris (17) — en face de la Halle au poisson (18) — dans l'Antherie ou Hanterie (rue de la Tabletterie) (19) — rue de la Harpe — la *maison* dite *de la Huchette*, sise à Paris au delà du Petit-Pont, dans la rue par où l'on va du Petit-Pont à Saint-Germain-des-Prés (rue de la Huchette) (20) — rue du Jardin ou des Jardins (rue des Billettes) (21) — rue Jean-le-Gros (22) — rue de la Juiverie (rue de la Tacherie) (23) — rue Lenoir-Saint-Antoine — rue du Marché-Saint-Antoine — rue de

(1) In Civitate, in vico de Curru Hurrici.
(2) In vico de Charteron prope domum Hospitalis S. Gervasii.
(3) Vicus qui vocatur Chastel Fetu.
(4) Juxtà Alars in cuneo Ferronnerie ab oppositis Cimeterii Sanctorum Innocentium (en la place aux chars).
(5) Apud S. Anthonium in loco qui dicitur Cloche buef.
(6) In fundo terre S. Mederici.
(7) Clausum Brunelli.
(8) Vicus qui Clausus Mali Vicini vulgariter appellatur.
(9) Prope Graviam in vico Cufariarum.
(10) In campellis ir. buco Coçonnerie.
(11) En l'Escorcerie cupra rippariam Sequane.
(12) In vico de Cuffariis.
(13) Vicus Scriptorum.
(14) In vico de la Forenerie.
(15) Vicus qui dicitur Furnus S. Mederici.
(16) Carnificeria.
(17) In Corrigiaria parisiense in vico W. Joce.
(18) Ante alas piscium.
(19) In Antheria (*aliàs* in Hanteria).
(20) Domus de la Huchete sita Parisius ultra Parvum Pontem, in vico per quem itur de Parvo Ponte ad Sanctum Germanum de Pratis.
(21) Vicus de Jardino.
(22) Vicus Johannis Crassi.
(23) In vico que Judearia dicitur.

Marivals ou de Mallives (rue Marivaux-des-Lombards) (1) — rue des Marmousets-en-la-Cité, vis-à-vis de la *maison* dite *des Marmousets* (2) — rue du Martrol — rue Montmartre — rue de Montreuil — rue de la Mortellerie (rue de l'Hôtel-de-Ville) — rue de Néelle ou de Nesle (rue d'Orléans-Saint-Honoré ?) (3) — rue des Noyers — rue de la Petite-Truanderie — rue de Picpus — près des Planches de Mibray (rue Planche-Mibray) (4) — dans la Poissonnerie, près de la porte Barbelle-sur-l'Yaue (5) — rue du Pont-Perrin (rue Saint-Antoine) (6) — rue de Popincourt — dans la Poulaillerie du Grand-Pont (quai de la Mégisserie) (7) — rue des Prêcheurs — rue de Reuilly — rue Roger Lanier (Geoffroy-L'Asnier) — rue Saint-André-des-Arcs (8) — rue Saint-Antoine — rue Saint-Bernard — rue Saint-Bon (9) — rue Saint-Denis — rue Saint-Jacques — rue Saint-Jacques-la-Boucherie — rue Saint-Martin — rue Saint-Nicolas — rue Saint-Paul — rue Saint-Séverin — rue Sainte-Marguerite-Saint-Antoine — rue Sainte-Opportune (rue de la Tabletterie) (10) — rue de la Saunerie, derrière le Châtelet du Grand-Pont (11) — rue de la Tacherie, près Saint-Bon (12) — rue Thibault-aux-Dez en Grève (13) — rue de la Tixeranderie — rue de la Tonnellerie, près du Château-Festu (14) — rue Traversière-Saint-Antoine — rue Trouvée — rue de la Verrerie — rue de la Vieille-Juiverie, au delà du Petit-Pont (15) — rue de la Vieille-Monnaie (16).

L'abbesse et les religieuses de l'abbaye de Saint-Antoine possédèrent en outre, hors Paris, du xiii⁰ au xviii⁰ siècle, soit comme propriétaires, soit comme usufruitières, un grand nombre de biens ruraux, provenant de donations, de legs, etc., situés à Annet et Armainvilliers, commune de Tournan (Seine-et-Marne), à Athis-sur-Orge et Aulnay-lès-Bondy (Seine-et-Oise), à Bagnolet (Seine), à Beaumont-le-Bois dit Beaumont-en-Gâtinais (Seine-et-Marne), à Belleville et Bercy (Seine), à Bernay (Seine-et-Marne), à Chalandray, commune de Montgeron (Seine-et-Oise), à Charenton et Charonne (Seine) (17), à Compans (Seine-et-Marne), à

(1) Vicus qui dicitur Marivals (*aliàs* in vico de Mallives). *Marivals* ou *Marivaux (Marais)*, était le nom d'un fief d'où provenait la dénomination de cette rue.
(2) Ante domum Marmosetorum.
(3) Vicus de Nigella.
(4) Apud Planchas Mibrarii.
(5) In Piscatoria versus Barbeel.
(6) Vicus qui dicitur Pons Perrini.
(7) Poletaria Magni Pontis.
(8) Vicus S. Andree de Arcubus.
(9) Vicus Sancti Boniti.
(10) In magno vico ab oppositis S. Opportune.
(11) Salneria retro Castelletum Magni Pontis.
(12) Vicus Athacherie versus S. Bonitum.
(13) Vicus Theobaldi de Gravia.
(14) Apud Chatelfestu in Tonnelaria.
(15) Ultra Parvum Pontem, in Veteri Judearia.
(16) Vicus qui vocatur Vetus Moneta.
(17) L'abbé Lebeuf, dans son *Histoire du diocèse de Paris* (t. III, p. 161), dit, à propos des communautés qui possédaient des biens-fonds sur la paroisse de Charonne : « Les Religieux Croisiers de Paris y ont eu aussi du bien du côté de la Folie Regnaud, et pareillement les Religieuses de Saint-Antoine. »

Conflans et Corbeil (Seine-et-Oise), à Cressonsacq (Oise), à Épernon (Eure-et-Loir), à
Épiais-les-Louvres et Étiolles (Seine-et-Oise), à Gentilly (Seine) (1), à Gonesse et Houdan
(Seine-et-Oise), dans la forêt du Jary (Seine-et-Marne), à La Ferté-Alais (Seine-et-Oise), à
Lieusaint (Seine-et-Marne), à Louvres, Mantes (2) et Massy (Seine-et-Oise), à Mauregard
(Seine-et-Marne), à Ménilmontant (Seine) (3), à Meulan (Seine-et-Oise), à Mitry (Seine-et-
Marne), à Montfort-l'Amaury et Montgeron (Seine-et-Oise), à Montreuil-sous-Bois (Seine) (4),
à Neuilly-sur-Marne (Seine-et-Oise), à Nogent-sur-Marne (5) et Noisy-le-Sec (Seine), à
Ormoy, dit Ormoy-Villabé (Seine-et-Oise), aux Prés Saint-Gervais (Seine), à Roissy (Seine-
et-Oise), à Rouvres (Seine-et-Marne) (6), à Saint-Denis (Seine), à Saint-Gratien (Seine-et-Oise),
à Saint-Valéry-sur-Somme (Somme), à Sarcelles (Seine-et-Oise), à Savigny, Torcy (7) et
Tournan (Seine-et-Marne), à Vanves et Villejuif (Seine), à Villénavotte et Villeroy (Seine-et-
Marne) et à Vincennes et Vitry (Seine) (8).

(1) Villa de Gentilliaco (Cartul. de l'abb. S. Antoine. Archives LL. 1595). L'abbé Lebeuf (*Hist. du dioc. de Paris*,
t. X, p. 9), constate, au sujet de la paroisse de Gentilly, que « L'Abbaye de S. Antoine avoit à Gentilly un tiers
de disme de bled et de vin sur lequel le Curé avoit une relevance de grain. Lorsque Guillaume de Baufet céda
au Monastere une rente de 25 sols pour avoir cette disme. »

(2) L'abbaye de Saint-Antoine percevait à son profit, sur le marché de Mantes, ville située sur la limite de la
Hanse de Paris ou Confrairie de la marchandise et des marchands par eau, le *tonlieu*, droit féodal sur les places
dans les marchés.

(3) Mcnilium mautens juxta clausum S. Martini. (Cartul. de l'abb. S. Antoine. Archives. LL. 1595.)

(4) C'est à Montreuil-sous-Bois, qu'étaient situées la *ferme Saint-Antoine*, dépendance de l'abbaye du même
nom, et la *Justice* de l'abbesse et des religieuses de Saint-Antoine.

(5) Noigentum in territorio quod Angle vulgariter appellatur. (Cartul. de l'abb. S. Antoine. Archives. LL. 1595).

(6) Territorium de Rouvres (Cartul. de l'abb. S. Antoine, *ibid.*).

(7) Apud Torciacum, ad crucem S. Mauri (Cartul. de l'abb. S. Antoine, *ibid.*).

(8) Apud Vitriacum, vinea S. Christofori (Cartul. de l'abb. S. Antoine, *ibid.*).

PIÈCES JUSTIFICATIVES

I

(1204)

Do divinâ miseratione Parisiensis episcopus; omnibus ad quos litteræ istæ pervenerint, in Domino salutem. Notum fieri volumus quòd cum domus sancti Antonii Parisiensis de concessione et voluntate nostra ordinem Cisterciensem receperit, et facta sit domûs Cistercii filia specialis, et etiam ibidem abbatissa sit auctore Domino instituta; eidem domui benignè concessimus et concedimus immunitates illas quibus gaudent cæteræ Cisterciensis ordinis abbatiæ. In hujus itaque nostræ concessionis testimonium præsentem paginam notari fecimus, et sigilli nostri munimine roborari. Actum anno incarnati verbi M. CC. IV. pontificatûs vero nostri anno VIII.

II

(1206)

Nos A. abbas Cistercii, notum facimus universis præsentes litteras inspecturis, quod litteræ venerabilis patris Odonis quondam episcopi Parisiensis sunt apud nos integræ, non cancellatæ, non aliqua ex parte diminutæ, sigillo ejusdem episcopi sigillatæ, quarum tenorem de verbo ad verbum hic inferiùs fecimus annotari : Odo miseratione divinâ Paris. episcopus;

universis præsentes litteras inspecturis, æternam in Domino salutem. Cupientes cœnobiis monialium de sancto Antonio Parisiensis et de Porreto in posterum provideri, optantesque monasticam in eis vigere disciplinam perpetuis temporibus, incorporari fecimus ordini Cisterciensi ipsa cœnobia, et ut immediatæ sint filiæ Cisterciæ monasterii, tradidimus supradicta cœnobia venerabili A. abbati Cistercii ab omni nostra juridictione absoluta, sicut ordinis exigunt instituta ; ut videlicet domus ipsæ per eundem abbatem ejusque successores, secundùm ipsius ordinis disciplinam in omnibus in perpetuum ordinentur. Et ut hoc ratum ac stabile in perpetuum perseveret, præsentem cartam in testimonium sigilli nostri impressione curavimus communire. Actum apud Cistercium anno Domini M. CC. VI. in capitulo generali.

III

(1208)

Universis abbatibus, prioribus, subprioribus Cisterciensis ordinis, frater C. Cist. R. de Firmitate, G. Ponth. W. Clarrewall. et P. Morimond dicti abbates, salutem in Domino. Notum facimus universitati vestræ quòd nos auctoritate capituli generalis et totius ordinis Cist. concessimus abbatissæ et conventui sancti Anton. Parisiensis, et omnibus filiabus suis, quòd sint plenariè incorporatæ ordini nostro ut antè concessimus, et conversis eorumdem quòd ex toto ordinem imitentur; et cùm ad domos nostras venerint, simul cum conversis nostris in ecclesia, in capitulo, in refectorio, in dormitorio admittantur. Clericis vero earum portantibus capas et scapularia qui servent ordinem monachorum, hoc quoque concessimus, ut retro chorum in nostris ecclesiis percipiant, et infra septa monasterii in loco competenti et à laïcis separato eis honestius ministretur. Qui videlicet clerici professionem secundùm ordinem scriptam coram altare legant, et lectam sancto signo crucis super altare ponant. Conversi vero coram abbatissa in capitulo stabilitatem promittant; et secundùm formam ordini eidem abbatissæ professionem faciant. Actum anno gratiæ M. CC. VIII.

IV

(1215)

Petrus Dei gratiâ Parisiensis episcopus; omnibus præsentes litteras inspecturis, salutem in Domino. Ad universitatis vestræ notitiam volumus pervenire, quòd cùm Guido presbyter sancti Pauli Parisiensis jus parochiale in abbatia sancti Antonii postularet, eo quòd in ipsius parrochia sita esset; nos de consensu ipsius presbyteri, nec non et archidiaconi Parisiensis, intuitu religionis et honestatis quæ ex ipsa abbatia redolet circumquàque, eidem abbatiæ omnimodum jus parrochiale concessimus in perpetuum obtinendum et in tota familia sua et in omnibus hospitibus quos hospitio recipiet infrà ambitum domûs suæ. In cujus rei testimonium has litteras conscribi fecimus, et sigilli nostri munimine roborari. Actum anno Domini M. CC. XV mense Mayo.

V

(1255)

Vniuersis præsentes literas inspecturis Soror Guillerma humilis Abbatissa S. Antonij Parisiensis, totusq. eiusdem loci Conuentus Salutem in Domino. Nouerit vniuersitas vestra, quod cum haberemus dominum fundi terræ et ventarum : nec non et censum septem librarum, et sex solidorum Parisiensium annui redditus, super nouem domos sitas Parisius iuxta domum fratrum minorum in vico, qui dicitur aux Estuues. Videlicet quatuor solidos Parisienses fundi terræ, super domum liberorum uxoris Adæ, dicti Romani. Duodecim solidos Parisienses fundi terræ, super domum defuncti Petri Sarraceni. Et centum solidos Paris. incrementi census super eardem domum. Sex solidos Parisienses fundi terræ super domum Ioannis de Bello monte. Sex solidos Parisienses fundi terræ, super domum Margaretæ dictæ dou Celier. Quatuor solidos Parisienses fundi terræ, super domum Nicolai dicti Romani. Quatuor solidos Parisienses fundi terræ super domum defuncti Richardi, dicti dou porche. Quadraginta denarios Parisienses fundi terræ super domum Magistri Ioannis, Canonici S. Benedicti Parisiensis. Quadraginta denarios Parisienses fundi terræ, super domum Agnetis de Vitriaco. Et quadraginta denarios Parisienses fundi terræ super domum Dionysiæ de Campis : Nos pro euidenti utilitate domus, de communi consensu et voluntate nostra, ac de licentia Domini Abbatis Cisterciensis, Patris nostri, in hoc utilitatem Ecclesiæ nostræ attendentes, et ipsum contractum ad petitionem nostram per suas patentes literas confirmantis, sicut in eisdem literis plenius continetur, Acetiam Venerabilis Patris Episcopi Parisiensis, eundem contractum assensu suo et consilio approbantis, et per suas literas attestantis, vendimus Abbati et ordini Præmonstratensi præfatum fundi terræ dominium, et ventarum, nec non et omne ius quod cum ipso dominio, et cum præfatis septem libris et sex solidis Parisiensibus census annui in prædictis nouem domibus et in earum fundo habebamus et habere poteramus pro trecentis et quinquaginta libris Parisiensis monetæ, in aliam hæreditatem utiliorem nostræ ecclesiæ iam conuersis. Quæ omnia supradicta, videlicet tam dictum fundi terræ dominium et ventarum ac omne ius contingens nos occasione ipsius dominij fundi terræ quam prædictas septem libras et sex solidos Parisienses annui census quæ nobis super domos supradictas·annis singulis debebantur, et etiam plenam possessionem et pacificam omnium prædictorum in dictos Abbatem et ordinem Præmonstratensem per traditionem transtulimus : Promittentes bona fide quod contra venditionem prædictam, et omnia supradicta nec per nos nec per alium aliquatenus de cætero veniemus : Et quod prædicta omnia Abbati et ordini memoratis, secundum usum et consuetudines Parisienses garantizabimus contra omnes. In cuius rei testimonium et munimen præsentes literas dictis Abbati et ordini Præmõstratensi tradidimus, sigilli nostri munimine roboratas. Datum Parisius Anno Domini Millesimo Ducentesimo, quinquagesimo quinto, Mense Iunio.

VI

(1268)

Eodem anno (MCCLXVIII) fuit captus quidam maledictus judeus, qui per viginti annos et amplius fuerat christianus, et uxorem secundum legem christianam desponsaverat, et de illa liberos habebat christianos, quorum duos fecit postmodum circumcidi et judaizare cum eo. Dei autem Dominica ante festum sancti Vincencii, apud Sanctum Anthonium juxta Parisius, pluribus bonis astantibus, cum magnam haberent ab episcopo indulgentiam hii qui facto hujusmodi interessent, fuit ab episcopo deordinatus et degradatus et traditus curie seculari. Die vero Veneris sequenti, cum pocius eligeret sibi incendium quam ad christianam fidem redire, dicens et asserens pro vero quod, si omnia ligna Parisiensis civitatis in unum congregarentur et accenderentur, et ipse prohiceretur in medium, non posset illo igne cremari, ductus fuit in plateam ubi porci Parisius venduntur, et ibidem in parato igne ligatus totaliter est combustus, ita quod nichil de eo incombustum remansit in corpore vel in membris, et per campos circum adjacentes seminatus fuit pulvis ejus.

VII

(1306)

Nobilis et religiosa mulier Aalips, clerica, abbatissa Sancti Antonii, prope Parisios, a Guillelmo, Parisiensi episcopo, solemnem benedictionem recipiens, ei debitum obedientiæ et reverentiæ sacramentum præstat. Datum anno Domini MCCC° sexto, die apostolorum Simonis et Jude, apud sanctum Anthonium, prope Parisius.

VIII

(1310)

Quinquaginta novem Templarii, foras civitatem Parisius, in campis videlicet ab abbatiâ monialium, quæ dicitur S. Antonii non longè distantibus, incendio fuerunt extincti. Qui tamen omnes, nullo excepto, nil omninò finaliter de impositis sibi criminibus cognoverunt, sed constanter et perseveranter in abnegatione communi perstiterunt, dicentes semper sine causâ morti se traditos et injustè : quod quidem multi de populo non absque multâ admiratione stuporeque vehementi conspicere nullatenùs potuerunt.

TABLE DES MATIÈRES

LES SUPERCHERIES LITTÉRAIRES DÉVOILÉES
Par J.-M. QUÉRARD
SECONDE ÉDITION CONSIDÉRABLEMENT AUGMENTÉE
Par G. BRUNET et P. JANNET

3 tomes en 6 vol. gr. in-8 raisin à 2 colonnes. Au lieu de 80 fr. — Net.............. 40 »

DICTIONNAIRE DES OUVRAGES ANONYMES
Par ANT.-ALEX. BARBIER
TROISIÈME ÉDITION REVUE ET AUGMENTÉE
Par OLIVIER BARBIER, RENÉ et PAUL BILLIARD

4 tomes en 8 vol. gr. in-8 raisin à 2 col. Au lieu de 96 fr. — Net.............. 50 »

LA FRANCE LITTÉRAIRE
OU DICTIONNAIRE BIBLIOGRAPHIQUE
DES SAVANTS, HISTORIENS, ET GENS DE LETTRES DE LA FRANCE
AINSI QUE DES LITTÉRATEURS ÉTRANGERS QUI ONT ÉCRIT EN FRANÇAIS
PLUS PARTICULIÈREMENT PENDANT LES XVIII° ET XIX° SIÈCLES
Par J.-M. QUÉRARD

Paris, 1827-1839, 10 vol. in-8 à 2 col. — Prix : .... 120 »

LA LITTÉRATURE FRANÇAISE CONTEMPORAINE
CONTINUATION DE LA FRANCE LITTÉRAIRE
Par MM. Félix BOUQUELOT, ALF. MAURY et CH. LOUANDRE

Paris, 1852-1857, 6 vol. in-8 à 2 col. — Prix : .... 120 »

BIBLIOGRAPHIE HISTORIQUE ET CRITIQUE
DE LA PRESSE FRANÇAISE
Par E. HATIN

Fort vol. in-8 à 2 col., de CXVIII-660 pages (20 fr.) — Net.................... 10 »
Sur grand papier de Hollande (40 fr.)... 20 »

Catalogue systématique et raisonné de tous les écrits périodiques de quelque valeur publiés ou ayant circulé en France depuis l'origine du journal jusqu'à nos jours, avec extraits, notes historiques, critiques et morales, indication des prix que les principaux journaux ont atteints dans les ventes publiques, etc., d'un Essai sur la naissance et les progrès de la presse périodique, et contenant diverses figures.